Themenhefte Religion

SABINE FALTER

Martin Luther und die Reformation

Verlag an der Ruhr

Impressum

Titel

Themenhefte Religion – Martin Luther und die Reformation

Autorin

Sabine Falter

Titelbildmotiv

© picture alliance/akg-images

Bildnachweis Innenteil

S. 4 © NFP*; S. 5 © akg-images; S. 6 © akg-images; S. 8 © akg-images;
S. 10 © Putzger – Historischer Weltatlas, Cornelsen, Berlin 2011 (104. Aufl.), S. 76; S. 12 © akg-images;
S. 13 © Dr. Ute Schmidt; S. 14 © Felix Ellrott/Fotolia.com; S. 16 © akg-images; beide S. 17 © akg-images;
S. 18 © akg-images; S. 21 © akg-images; S. 22 © akg-images; S. 24 © akg-images; S. 25 © akg-images;
S. 27 © akg-images; S. 28 © akg-images; S. 29 © akg-images; S. 30 © akg-images/Karl-Ludwig Lange;
S. 32 © akg-images; S. 33 © akg-images

Lektorat

Dr. Bettina Kratz-Ritter

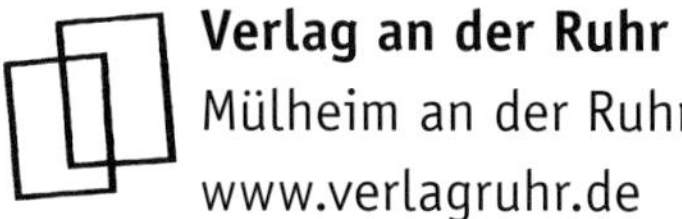

Verlag an der Ruhr
Mülheim an der Ruhr
www.verlagruhr.de

Geeignet für die Klassen 7 – 8

Unser Beitrag zum Umweltschutz:
Wir sind seit 2008 ein ÖKOPROFIT®-Betrieb und setzen uns damit aktiv für den Umweltschutz ein. Das ÖKOPROFIT®-Projekt unterstützt Betriebe dabei, die Umwelt durch nachhaltiges Wirtschaften zu entlasten. Unsere Produkte sind grundsätzlich auf chlorfrei gebleichtes und nach Umweltschutzstandards zertifiziertes Papier gedruckt.

ISBN 978-3-8346-2773-5

Printed in Germany

Inhaltsverzeichnis

Einführung 4
Religionsunterricht in der 7 c 4

Vorreformatorische Zeit 5
So lebten die Menschen im Mittelalter 5
Die Bedeutung der Kirche im Mittelalter 6

Luthers Leben 8
Kindheit und Jugend 8
Ein Gewitter und ein Schwur 9
Exkurs: Leben im Kloster 10
Ängste und das Streben nach Gottes Barmherzigkeit 11
Die Reise nach Rom 13
Exkurs: Der Petersdom 14
Das Turmerlebnis – eine Entdeckung wirkt Wunder 15

Luthers Theologie 16
Kritik am Ablasshandel 16
Die vier Glaubensgrundsätze 18
Der Thesenanschlag in Wittenberg 19

Durchsetzung der reformatorischen Lehre 20
Konflikt mit dem Papst 20
Die Reise nach Worms 21
Der Reichstag zu Worms 22
Entführung und Wartburg-Aufenthalt 24
Die Idee von der Übersetzung der Bibel 25
Der Kampf mit dem Teufel 27

Probleme der reformatorischen Zeit 28
Unruhen in Wittenberg 28
Katharina von Bora, die „Lutherin“ 29
Die Bauernkriege 31
Die Protestanten und das Augsburger Bekenntnis 32
Die letzten Jahre 33

Bedeutung der Reformation für die aktuelle Situation 34
Evangelische Kirche in Deutschland heute 34

Lösungen 35

Einführung

Religionsunterricht in der 7 c

Es klingelt, die Schüler packen ihre Sachen zusammen. Die Klasse trennt sich für die nächste Stunde, denn ein Teil von ihr geht in den katholischen oder evangelischen Religionsunterricht, die restlichen Schüler besuchen den Ethikunterricht.
Für die Schüler ist das ganz normal. So war es schon in der Grundschule und sie haben sich nie Gedanken darüber gemacht. Aber heute ist es anders, denn die Religionslehrerin Frau Schmitter hat den Schülern versprochen zu erklären, warum es zu dieser Trennung kommt.
Als Marvin und Vivian den Klassenraum betreten, hängt ein Plakat an der Tafel. „Das kenne ich. Der Film lief doch mal im Fernsehen!", ruft Marvin. „Ich habe ihn zusammen mit meinem Vater gesehen; er meinte, der Mann sei wichtig", ergänzt Vivian.
Frau Schmitter schreibt einen Satz daneben: „Er veränderte die Welt für immer."
Vivian und Marvin sehen sich an und zucken mit den Schultern. Der Satz sagt ihnen erst einmal nichts. Vivian fragt sich, ob es wirklich einem einzelnen Menschen gelingen kann, die Welt für immer zu verändern.

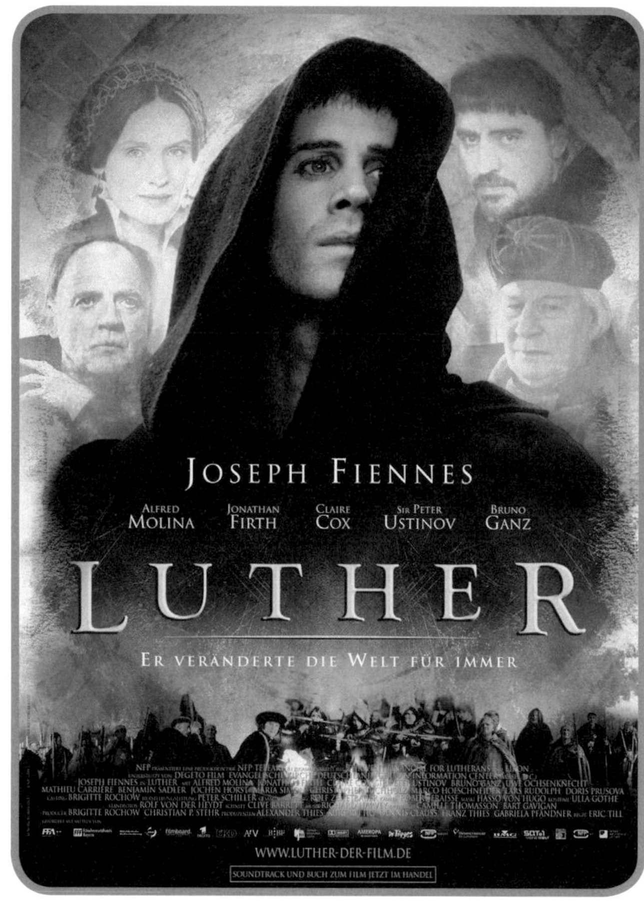

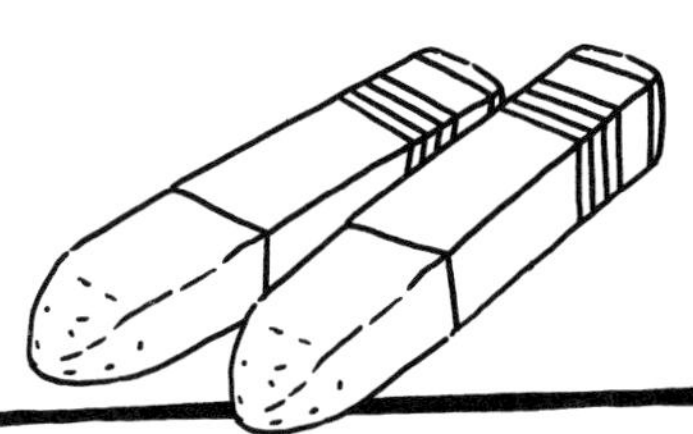

„Martin Luther (1483 – 1546) sucht nach religiösen Einsichten und kommt zu der Erkenntnis, dass in der Kirche, im Glauben und im Umgang mit den Gläubigen viele Fehler gemacht werden. Er will diese Missstände beheben und die bestehende Kirche reformieren. Dafür findet er viele Anhänger, aber auch Gegner."

Aufgaben

1. **Was meint wohl der Satz „Er veränderte die Welt für immer"? Suche dir einen Partner und stellt gemeinsam Vermutungen über die Bedeutung des Satzes an.**
2. **Links kannst du nachlesen, was Frau Schmitter anschließend an die Tafel schreibt. Überlege mit einem Partner, ob es noch heute Anhänger und Gegner Luthers gibt. Wenn ja, wer käme dafür infrage? Stelle Vermutungen darüber an, warum es heutzutage getrennten Religionsunterricht gibt – was könnten die Ursachen sein?**
3. **Überlegt anschließend gemeinsam im Plenum, welche anderen Personen euch einfallen, die die Welt stark veränderten – im Positiven wie im Negativen!**

Vorreformatorische Zeit

So lebten die Menschen im Mittelalter

Im Mittelalter war das Leben geprägt von harter Arbeit, tödlichen Seuchen, blutigen Nachbarschaftsfehden und grausamen Kriegen. Die Menschen wurden nicht sehr alt: Die meisten Kinder starben schon vor dem fünften Lebensjahr. Das Überleben vieler Bauern hing von der Ernte ab – und von der Gnade des Lehnsherrn, der hohe Abgaben verlangte. Es blieb kaum genug zum Überleben, Hungertod war die Folge. Zusätzlich wurden die Menschen durch **Frondienste** ausgebeutet – sei es im Feld, Wald oder Krieg. Um dieser Not zu entgehen, floh im 12. und 13. Jahrhundert ein großer Teil der Landbevölkerung in die Städte: Dort erhoffte man sich etwas Wohlstand und ein freies Leben. Gelang es einem entflohenen Leibeigenen nämlich, frei zu werden, konnte er Beruf, Arbeitsplatz, Ehepartner und Wohnort selbst wählen.

Info

Ein **Lehen** ist ein Stück Land oder ein Landgut, das dem **Lehnsmann** (= Vasallen) als erblicher Besitz vom **Lehnsherrn** verliehen wird. Das Land gehört zwar weiterhin dem Lehnsherrn, der es aber im Zeichen gegenseitiger Treue einem Vasallen „leiht". Im Gegenzug erhält er dafür vom Lehnsmann Abgaben, **Fron- und Kriegsdienste:** Die Menschen, die unter seiner Aufsicht auf diesem Land arbeiten, müssen also z. B. einen Teil ihrer Erträge abgeben und für den Einsatz in kriegerischen Auseinandersetzungen bereitstehen.

Außerdem wütete immer wieder die **Pest** und forderte so viele Menschenleben, dass ganze Landstriche entvölkert wurden: In Europa starb die Hälfte der Bevölkerung!

Es gab keine Medikamente und das ärztliche Wissen war noch sehr begrenzt. Die Menschen suchten Hilfe in der Religion. Man sah Krankheit als Strafe Gottes an und hoffte, durch ein streng religiöses Leben Gnade zu erreichen.

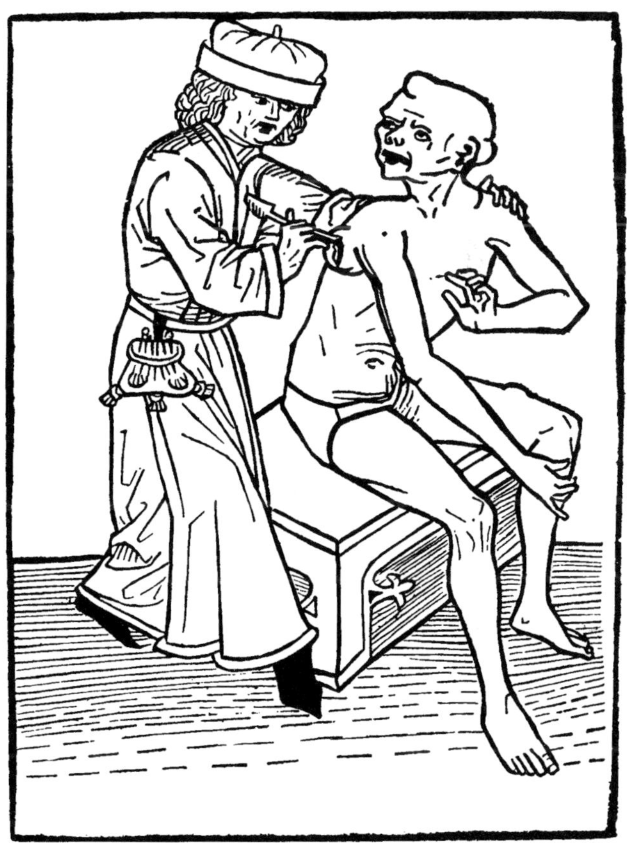

Ein Arzt schneidet bei einem Patienten die Pestbeulen auf. (Holzschnitt von 1482)

Aufgaben

1. **Fasst zu zweit zusammen, welche Ängste, Sorgen und Risiken das Leben der Menschen damals prägten.**
2. **Erkläre mit deinen eigenen Worten, wo sich die Menschen der damaligen Zeit Hilfe erhofften.**
3. **Betrachte dann dein eigenes Leben und schreibe auf: Welche Sorgen und Gefahren beschäftigen die Menschen heute? Tausche dich mit einem Partner über eure Ergebnisse aus.**
4. **Betrachtet zu zweit das Bild und recherchiert im Lexikon oder im Internet über die Pest und ihre Folgen im Mittelalter.**
   Präsentiert eure Ergebnisse anschließend den anderen Teams und tragt alle Informationen im Plenum zusammen.

Vorreformatorische Zeit

Die Bedeutung der Kirche im Mittelalter 1/2

Da die Menschen in der damaligen Zeit die vielen Hungersnöte, Kriege und Krankheiten für Strafen Gottes hielten, wurden sie besonders fromm.
Sie hofften, dadurch nach dem Tod der Hölle zu entgehen und ins Paradies gelangen zu können.
Um selig zu werden und Gnade zu erlangen, taten sie eine ganze Menge:

- Sie erwarben **Reliquien**, um so Fürsprache oder Hilfe des jeweiligen Heiligen zu erlangen.
- Sie unternahmen **Wallfahrten zu Pilgerorten** und gingen bei **Prozessionen** mit.
- Sie legten regelmäßig, ja täglich die **Beichte** ab und besuchten die **Messe** in den Kirchen.
- Sie kauften **Ablassbriefe**, um für sich und Familienangehörige Höllenstrafen zu verringern.

Info

Reliquien sind „Überbleibsel" von verstorbenen Heiligen (z. B. Zähne, Knochen, Haare oder Kleidung), denen magische Kraft zugesprochen und religiöse Verehrung entgegengebracht wurde.
Ablassbriefe wurden von der Kirche ausgestellt und von Ablasshändlern an Gläubige verkauft, die hofften, sich damit von Höllenstrafen freizukaufen.

„Wenn das Geld im Kasten klingt, die Seele aus dem Feuer springt."

Allerdings fühlten die Menschen sich von der **Kirche** zunehmend alleingelassen, denn die Kleriker (Priester und Geistliche) erfüllten ihre Aufgaben, wie Seelsorge, Armen- und Krankenpflege, immer weniger. Die Päpste (manchmal gab es mehrere gleichzeitig, sodass die Menschen gar keine Orientierung mehr hatten), Bischöfe und Kardinäle lebten wie weltliche Fürsten in Luxus und verschwendeten das Geld der Kirche für sich. Manche Kirchenämter wurden gar verkauft oder vererbt. Den aufwändigen Lebensunterhalt der Kleriker mussten arme Bauern, Handwerker oder Kaufleute finanzieren. So wuchs der Unmut über die Kirche.
Dazu gab es auch die **Klöster**, abgeschlossene Bereiche, in denen vor Ort produziert wurde, was die Mönche und Nonnen brauchten. Ein Kloster war ein Hort der geistlichen Bildung und Kunst: Hier wurde gelehrt, geschrieben, gedichtet, komponiert, gemalt. Auch die Söhne und Töchter des Adels wurden in Klöstern erzogen. Sie lernten lesen, schreiben, rechnen, wurden in Latein und den Künsten unterrichtet und erhielten eine Ausbildung, mit der sie Klostervorsteher (Abt, Äbtissin) oder gar Herrscher eines Reiches werden konnten.

<u>**Aufgaben – Teil 1**</u>

1. **Verfasse mithilfe des Textes einen Artikel darüber, welche Bedeutung die Institution Kirche für die Menschen im Mittelalter hatte. Gehe dabei auch auf die Rolle der Klöster ein.**
2. **Schaue dir das Bild an und beschreibe es so genau wie möglich. Versuche dann, den darüber stehenden Spruch damit in Beziehung zu setzen – was ist damit gemeint und wer könnte den Satz gesagt haben?**
3. **Überlegt in kleinen Gruppen gemeinsam, welche Stellung die Kirche, katholisch wie evangelisch, heute innehat. Tauscht euch anschließend mit den anderen Gruppen aus.**

Die Bedeutung der Kirche im Mittelalter 2/2

Drei Freunde unterhalten sich

Konrat und Fridrich aus einem Dorf am Neckar treffen ihren Freund Andres.

Andres: Seid gegrüßt, Freunde! *(Andres grüßt erfreut. Er drückt ein gerolltes Papier an sich.)*

Konrat: Sei gegrüßt, Andres. Was hast du dort für ein Papier, einen Schatz?

Andres: Ja, ich war in Schönau und habe im Kloster meinen Weizen verkauft. Dort war ein Ablasshändler, der Ablassbriefe anpries. Da habe ich für meine Anna, Gott sei ihrer Seele gnädig, einen Ablassbrief gekauft, damit sie direkt in die Herrlichkeit des Paradieses eingehen kann und nicht länger im Fegefeuer gemartert wird. Er war teuer, drei Goldstücke habe ich bezahlt. Aber der Ablasshändler versprach, ihre Seele würde nun direkt in den Himmel gelangen.

Konrat: Meinst du wirklich, dass ihr das hilft? *(Konrat schüttelt zweifelnd den Kopf.)*

Fridrich: Ich glaub's auch nicht. Bete lieber zu den Heiligen in unserer Kirche. Es sind zwar so viele, dass ich ihre Namen nicht mehr alle kenne, aber das hilft bestimmt mehr als dieser Brief.

Konrat: Oder sprich mit Pater Ludwich. Er kann dir sagen, was du tun musst.

Andres: Ach, der ...! *(Andres winkt ab.)* Der kümmert sich doch nicht um uns. Er hat Frau und Kind, obwohl er Keuschheit gelobt hat. Er vergisst die Alten und Kranken. Der alte Heineman ist ohne seinen Beistand gestorben. Stellt euch das einmal vor: Ohne das Sakrament der Heiligen Kirche steht er nun vor dem göttlichen Richter! Und das nur, weil der Herr Pater mit seinen Freunden im Wirtshaus gewürfelt hat. Nein, das ist kein rechter Kirchenmann!

Fridrich: Stimmt, der ist kaum noch in Kirchensachen unterwegs. Der sitzt mehr bei mir im Wirtshaus. Aber der junge Kaplan Engelhart ist sehr tüchtig.

Andres: Aber hast du verstanden, was er in der letzten Messe gesagt hat? Immer steht er mit dem Rücken zu uns, spricht Latein und ich weiß nicht, was er da erzählt. Und er meint, dass nur der Gnade vor Gott findet, der regelmäßig zur Beichte geht, der der Kirche Geld spendet und der mehr zu den Heiligen als zu unserem Herrn Jesus Christus betet. Er meint auch, dass nur er zwischen Gott und den Menschen vermitteln kann. Und das steht in der Bibel? Ich weiß es nicht. Ich kann zwar lesen, aber Latein ...? *(Andres schüttelt den Kopf.)*

Konrat: Der Kaplan ist nur ein Gehilfe vom Bischof oder vom Papst. Kirchenabgaben sammelt er ein, aber das Geld geht nach Rom, damit dort der neue Petersdom gebaut werden kann, oder zum Bischof, der will einen neuen Palast. *(Konrat ist erbost.)* Es gehört hierher, in die Gemeinde. Im Armenhaus regnet's durch, das Hospiz zerfällt, es gibt keine Armenspeisung mehr ...

Andres: *(nachdenklich)* Wenn ich so überlege, frage ich mich, ob der Ablassbrief wirklich eine so gute Idee war. Da scheint doch vieles nicht zu stimmen in der Kirche ...!

<u>Aufgaben – Teil 2</u>

4. a) Spielt das Gespräch der Freunde in 3er-Gruppen nach!

b) Fasst anschließend in Gruppenarbeit schriftlich zusammen, welche Kritik sie an der Kirche und den Klerikern üben.

Luthers Leben

Kindheit und Jugend

Da Martin Luther immer wieder darüber geschrieben hat, wie er aufwuchs, haben wir ziemlich genaue Informationen über seine Kindheit und Jugend. Er schilderte dabei auch, wie er seine Eltern, ihre Wünsche für ihn und auch die verschiedenen Schulen, die er besuchen durfte, erlebte.

Luther als Schüler in Eisenach (Lithografie von Adolph Menzel, 1835)

Der Leiter der Pfarrschule St. Georg in Eisenach stand bei uns Schülern besonders hoch im Ansehen. Er begrüßte uns regelmäßig als künftige Bürgermeister, Kanzler und Doktoren. (a)

Ab 1490 besuchte ich die Stadtschule in Mansfeld und weil mein Vater zu Ansehen gekommen war, durfte ich später in Magdeburg weiter zur Schule gehen. (c)

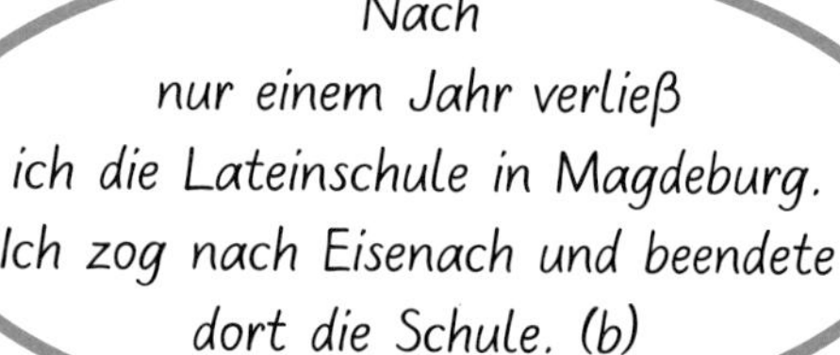

Nach nur einem Jahr verließ ich die Lateinschule in Magdeburg. Ich zog nach Eisenach und beendete dort die Schule. (b)

Am Ende meiner Schulzeit konnte ich Latein lesen, schreiben und sprechen, rechnen, musizieren und kannte die Grundzüge der Rhetorik. So war ich vorbereitet für die Universität, die ich auf meines Vaters Wunsch hin besuchen sollte. Er wollte, dass ich Jurist werde. (d)

Meine Mutter erzog uns Kinder zu gottesfürchtigen Menschen. Die Verehrung der Heiligen, besonders der Heiligen Familie mit Maria und deren Mutter Anna, war ihr wichtig. Ich hatte viele Geschwister, von denen zwei starben. Die Eltern waren sparsam, um die Familie zu ernähren und uns Knaben den Schulbesuch zu ermöglichen. (e)

Man sagte, wer studieren will, muss an die Universität Erfurt gehen und so ging ich dorthin und schrieb mich nach dem Basisstudium (artes liberales) an der juristischen Fakultät ein. (f)

Aufgaben

1. **Die Aussagen Luthers sind etwas durcheinandergeraten: Schneide sie aus, bringe sie in die richtige Reihenfolge und klebe sie anschließend in dein Heft!**
2. **Beantworte zusammen mit einem Partner folgende Fragen:**
   - Welche schulische Laufbahn vollführte Luther?
   - Welche Erwartungen hatten Vater und Mutter an ihn?
3. **Vergleicht dann im Plenum eure eigene Schulzeit mit der von Martin Luther. Welche Gemeinsamkeiten findet ihr? Wo gibt es Unterschiede?**

Ein Gewitter und ein Schwur

Nach wenigen Jahren als Student in Erfurt änderte Luther sein Leben aufgrund gewisser Erlebnisse radikal. Dies berichtet er seinem Eisenacher Freund Johannes in einem Brief:

Gnad und Friede in Christo. Gnädiger Herr Johannes!

Wir haben uns seit dem Fest der Geburt unseres Herrn Jesus nicht mehr gesehen. Damit Ihr wisst, was mir in der Zwischenzeit widerfahren ist, werde ich Euch berichten.

Ihr wisst, dass ich auf Wunsch meines Herrn Vaters das Studium in Erfurt aufgenommen habe. Das Studium ging zügig voran. Schon nach kurzer Zeit konnte ich zur Freude meiner Eltern das erste Examen erlangen und mit dem eigentlichen Studium der Jurisprudenz beginnen. Trotzdem hatte ich Gelegenheit, Schriften von Thomas von Aquin zu lesen. Ich spekulierte viel über Gott und dachte über mein Leben nach. Dann entdeckte ich in der Bibliothek eine hebräische Bibel. Ich wollte lesen, was dort geschrieben stand, also lernte ich Hebräisch. Doch dann kehrte der Schwarze Tod nach Erfurt zurück! So viele starben! Auch ein Freund wurde von der Krankheit dahingerafft. Er war noch so jung! Warum strafte Gott ihn so?

Dann stürzte ich und verletzte mich schwer. Aber der Herr wollte mich noch nicht zu sich holen, langsam genas ich. Ich hatte viel Zeit zum Nachdenken. Immer wieder fragte ich, warum mich Gott so straft, mir Schmerzen schickt und die Freunde nimmt.

Schließlich passierte etwas, das mein Leben völlig veränderte. Nach einem Besuch bei meinen Eltern geriet ich in ein schweres Gewitter: Blitze ängstigten mich fast zu Tode, ich wollte Schutz suchen, doch bevor ich einen Unterschlupf erreichte, schlug ein Blitz direkt neben mir ein. Es knallte, zischte und knisterte: Die Allmacht Gottes wurde mir mit jeder Faser meines Herzens bewusst. Ich flehte um mein Leben und legte einen Schwur ab, den ich an die Heilige Anna richtete, die Mutter unserer Muttergottes. Sollte ich dieses Gewitter überleben, würde ich Mönch werden.

Als ich nach Erfurt kam, zögerte ich. Was sollte ich tun? Ich hatte das Gewitter überlebt und diesen Schwur geleistet! Freunde sagten, ich solle die Sache vergessen, aber das konnte ich nicht. So werde ich morgen bei den Augustinereremiten um Aufnahme ins Kloster bitten. Ich will Mönch werden, wie ich es geschworen habe.

Ich hoffe, dass Ihr meinen Entschluss verstehen könnt. Betet für mich. Gott segne Euch.

Martinus *gegeben zu Erfurt am 16. Tag des Monats Juli Anno Domini 1505*

Aufgaben

1. **Erkläre einem Partner mit eigenen Worten, aus welchen Gründen Luther ins Kloster geht.**
2. **Versucht dann im Plenum, diese Gründe zu bewerten: Könnt ihr Luthers Überlegungen nachvollziehen? Warum/warum nicht? Gab es auch in eurem Leben einmal einen Punkt, an dem sich euer Leben geändert hat? Dies muss keine religiöse Wendung sein!**

Exkurs: Leben im Kloster

Tagesblauf im Kloster

3.00 Uhr	Matutin (Gotteslob)
4.00 Uhr	Laudes (Gotteslob)
4.30 Uhr	eigenes Gebet
6.00 Uhr	Prim (Stundengebet)
6.30 Uhr	Studienzeit in der Bibliothek
8.00 Uhr	Arbeit im Garten oder Gästetrakt
9.00 Uhr	Terz (Stundengebet)
10.00 Uhr	Arbeit in Werkstatt oder Küche
12.00 Uhr	Sext (Stundengebet)
12.30 Uhr	Mittagessen (schweigend)
13.00 Uhr	Mittagsruhe
15.00 Uhr	Non (Stundengebet)
15.30 Uhr	Betteln in der Stadt, Versorgung der Kranken
18.00 Uhr	Vesper (Stundengebet)
19.00 Uhr	Studienzeit in der Bibliothek
21.00 Uhr	Komplet (Abendgebet)
21.30 Uhr	Nachtruhe
0.00 Uhr	Mitternachtsmesse
0.30 Uhr	Nachtruhe

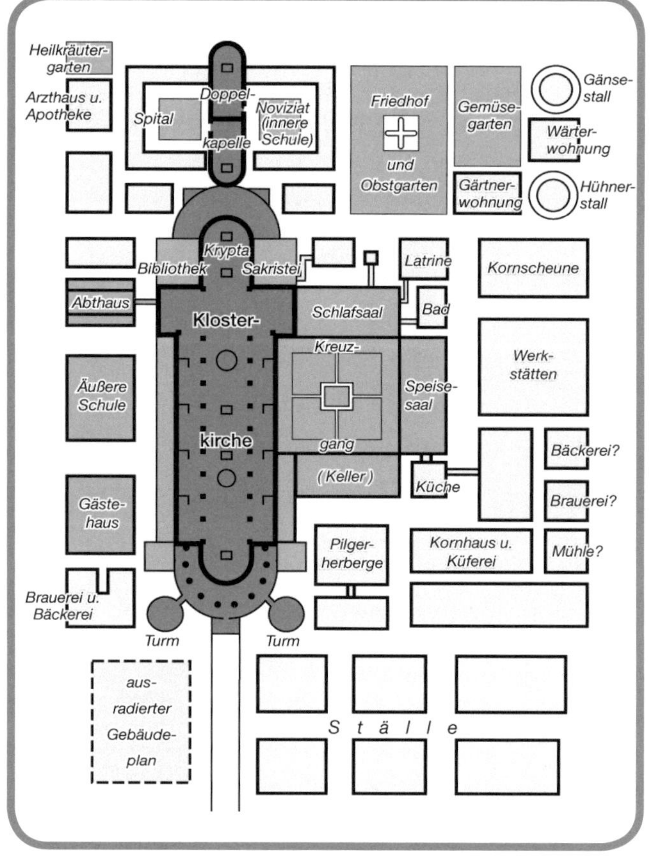

Der St. Galler Klosterplan um 820

Aufgaben

1. **Zeichne eine Uhr in dein Heft und trage den Tagesablauf eines Mönchs ein: Markiere dazu wie in einem Kreisdiagramm Arbeitszeiten BLAU, Gebetszeiten ROT und Freizeit GELB. Notiere, was dir auffällt. Wie sähe die Uhr zu deinem Tagesablauf aus? Vergleiche!**
2. **Stelle dir vor, du bist Abt des Klosters und sollst Luther an seinem ersten Tag ins Klosterleben einführen: Arbeite einen kurzen Vortrag aus, in dem du Tagesablauf und Anlage eines Klosters mithilfe des Bildes und des Zeitplans erklärst. Präsentiere diesen Vortrag vor der Klasse.**
3. **Überlegt anschließend gemeinsam, welche Vorteile ein Leben im Kloster haben könnte und welche Nachteile es eventuell mit sich bringt.**

Ängste und das Streben nach Gottes Barmherzigkeit 1/2

Luthers Eintritt ins Kloster änderte sein Leben grundlegend. Bisher hatte er immer selbst bestimmen können, wann er sich wo aufhielt, wann er was aß und wann er seine Freunde und Familie besuchte. Im Kloster war sein Tagesablauf streng geregelt.
Luther hatte sich das schwarze Eremitenkloster der Augustiner ausgesucht, ein besonders strenges Haus, das seiner Suche nach einem gottgefälligen Leben entsprach. Anfangs hatte er ein wenig Mühe, sich in den Klosterrhythmus einzufinden, und gleichzeitig machte er sich viele Sorgen und Gedanken:

Ich bin so müde: Heute Nacht habe ich nur gebetet, aber genügt das, um meine Sünden zu vergeben?

Darf ich die Geißel überhaupt so oft benutzen?

Ich habe so Angst vor Gott: Wie kann ich ihn gnädig stimmen?

Wie kann ich nach Gottes Willen leben?

Warum straft Gott?

Wann verzeiht Gott?

Wie kann ich genau nach Gottes Gesetzen leben? Reichen die Regeln des Klosters?

Heute werde ich die ganze Nacht in der Heiligen Schrift lesen.

Heute habe ich 3-mal gebeichtet. Aber ob das reicht?

Gott sieht alles. Er richtet über alle Taten und Gedanken. Wie stimme ich Gott gnädig?

Ich strenge mich so an, Gott gerecht zu sein. Reicht das? Werde ich dereinst in Gottes Reich kommen?

Info

Durch **Geißelungen** mit Peitschen, Ruten oder Rohrstöcken versuchte man, Christus im Leiden nahe zu sein.

Ängste und das Streben nach Gottes Barmherzigkeit 1/2

Aufgaben

1. **Lest gemeinsam Luthers Gedanken zu seinem neuen Leben und besprecht, wie er den Klosteralltag empfindet: Ist er nun zufrieden und glücklich? Begründet eure Antwort!**

2. **Übertrage die Tabelle in dein Heft und fülle sie aus: Welche Befürchtungen hat Luther? Was unternimmt er, um gegen sie anzukämpfen?**

Welche Befürchtungen hat Luther? Was belastet ihn?	Wie versucht er, Gottes Urteil zu beeinflussen?

3. **Überlegt gemeinsam, was Luther noch tun könnte, um so zu leben, wie er meint, dass Gott es will.**

4. **Lest anschließend Ex 20, 2–17. Dort wird beschrieben, wie das Volk Israel die Zehn Gebote erhielt – diese sind auch für Luther Richtlinie seines Handelns. Welche Gebote sind eurer Meinung nach heutzutage leicht einzuhalten und welche weniger leicht? Warum?**

5. **Luthers Vater wirft seinem Sohn einen Verstoß gegen das vierte Gebot vor. Diskutiert und beurteilt gemeinsam diesen Vorwurf: Ist er berechtigt? Was empfindet wohl der Vater dabei, was der Sohn?**

6. **a) Vergleiche Luthers Leben mit deinem Alltag: Findest du Dinge, die nicht Gottes Wünschen entsprechen?**
   b) Überlege und notiere stichwortartig, wie wir heute im Alltag nach Gottes Vorstellungen leben können.

7. **Schaut euch das Bild an und beschreibt, was ihr seht. Informiert euch im Internet über Geißelungen und beantwortet im Plenum folgende Fragen:**
   - Was ist eine Geißel, was eine Geißelung?
   - Warum hat Luther sich möglicherweise selbst gegeißelt?
   - Was haltet ihr davon?

Tipp

Folgende Internetadressen können euch helfen:
- www.wikipedia.de, Stichwörter: Geißelung, Geißel
- www.wissen.de, Stichwort: Geißelung (Religion)

Die Reise nach Rom

1510 wird Luther zusammen mit einem Klosterbruder vom Generaloberen Dr. Johann von Staupitz nach Rom geschickt, um dort für den Orden der Augustiner vorzusprechen. Die Reise ist lang und beschwerlich.

In Rom erreicht er zwar nichts für seinen Orden, nutzt aber den Aufenthalt in der Heiligen Stadt, um das kirchliche Leben genau zu beobachten. Bei seiner Rückkehr berichtet er dem Generaloberen:

Kennt Ihr Rom? Eine merkwürdige Stadt: Überall prächtige Kirchen und prunkvolle Paläste. Und wenn man fragt, wem dieser Palast gehört, erfährt man: einem Bischof oder Kardinal. Und dies, wo wir doch Armut gelobt haben ...!

Viele Pilger sind hier, es ist laut und dreckig. Straßenhändler verkaufen Reliquien oder den Zuspruch eines Heiligen bei Ohrenschmerzen, lahmen Füßen oder anderen Leiden. Wie kann man Heilige so verkaufen? Ich verstehe es nicht.

Ich bin die Heilige Stiege auf Knien hinaufgestiegen. Jede Stufe habe ich ein Vaterunser für meine Großeltern gebetet und der Mönch, bei dem ich mir den Zugang erkaufte, versprach, dass sie aus dem Fegefeuer erlöst seien, sobald ich die letzte Stufe erklimmen würde. Woher kann er das so genau wissen?

Ich besuchte Messen, aber sie waren oft ohne Andacht und so schnell vorbei, dass ich gar nicht merkte, dass der Segen schon gesprochen war. Immer waren Menschen in den Messen, die sich in Rom einen Ablass für ihre Sünden erhofften, aber eigentlich konnte ihnen niemand helfen. Manchmal fragte ich mich, ob sie überhaupt ernsthaft mit dem Priester reden wollten.

Eigentlich wollten sie doch nur den Ablassbrief erwerben, dass ihnen oder ihrer Familie die Sünden vergeben seien. Echte Reue war selten zu sehen. Und auch nicht der Wille, Buße zu tun! Was ist heilig an dieser Stadt?

Gläubige steigen die Heilige Treppe zur Kapelle Sancta Sanctorum in Rom auf Knien hinauf.

Aufgaben

1. **Notiere, welche Erwartungen und Kritikpunkte Luther äußert. Vergleiche dann deine Ergebnisse mit denen deines Partners und tragt sie gemeinsam der Klasse vor.**
2. **Betrachtet gemeinsam das Bild und versucht dann selbst einmal, eine Treppe auf Knien hochzusteigen! Ihr könnt es euch aber auch vorstellen. Tragt dann eure Beobachtungen zusammen: Wie geht es euch auf diesem Weg? Was empfindet ihr dabei? Warum nimmt ein Gläubiger so etwas wohl auf sich?**

Exkurs: Der Petersdom

Der Petersdom war bis ins 20. Jahrhundert hinein die weltweit größte christliche Kirche. Entsprechend teuer war damals der Bau. Noch heute staunen die Menschen über die Größe, die Architektur und die Kunstwerke.

Petersdom, Rom – Vatikan

Steckbrief des Petersdoms

Länge: ....

Breite: ....

Höhe: ....

Grundsteinlegung: ....

Bauzeit: ....

geweiht: ....

Ausstattung der Hauptkirche

Anzahl der Marmorsäulen: ....

Anzahl der Travertinsäulen: ....

Anzahl der Altäre: ....

Grundfläche: ....

→ Platz für ca. .... Menschen

Finanzierung

Die Finanzierung erfolgte hauptsächlich durch den Peterspfennig und Ablassbriefe.

Was ist der Peterspfennig?

....

....

Was sind Ablassbriefe?

....

....

__Aufgabe__

Recherchiert die fehlenden Daten und Informationen zum Petersdom und füllt den Steckbrief aus!

Zum Vergleich die Daten des Kölner Doms:

Länge: 145 m

Breite: 86 m

Höhe: 157 m

Grundfläche: 7 914 m²

Bauzeit: 620 Jahre

→ Platz für ca. 20 000 Menschen

Tipp

Folgende Internetadressen können euch helfen:

- http://rom.sehenswuerdigkeiten-online.de/sehenswuerdigkeiten/petersdom_rom.html
- www.planet-wissen.de/kultur_medien/architektur/petersdom/
- www.kath.de/kurs/vatikan/petersdom.php
- www.wikipedia.org

Luthers Leben

Das Turmerlebnis – eine Entdeckung wirkt Wunder

Luthers Leben im Kloster und als Professor für Bibelauslegung war geprägt von strengen Ordens- und Bußregeln. So strikt wie kein anderer hielt er sich daran und war trotzdem nicht mit sich zufrieden, sondern hatte große Furcht vor den Strafen Gottes. Bis er beim Studium des Römerbriefs in seinem Studierzimmer im Turm der Universität Wittenberg eines Tages über eine Bibelstelle „stolperte". Plötzlich erschien sie ihm in einem neuen Licht, kam ihm vor wie ein Geschenk: eine Brücke zu Gott, ein Weg, der weiterführt. Diese Stelle hat er später noch einmal übersetzt:

Übersetzung letzter Hand 1545: Röm 1,16f

[16] Denn ich scheme mich des Euangelij
von Christo nicht/Denn es ist eine
Krafft Gottes/die da selig machet/alle/
die daran gleuben/die Jüden furnemlich
vnd auch die Griechen. [17] Sintemal dar-
innen offenbaret wird die Gerechtigkeit
/die fur Gott gilt/welche kompt aus
glauben. Aus dem angefangen schwa-
chen glauben/fort in den starcken. Denn
der Glaube feiret nicht in glauben/Wie
denn geschrieben stehet/Der Gerechte
wird seines Glaubens leben.

(Quelle: www.bibel-online.net)

Luther-Bibel 1912: Das Evangelium als Kraft Gottes

[16] Denn ich schäme mich des Evangeli-
ums von Christo nicht; denn es ist eine
Kraft Gottes, die da selig macht alle,
die daran glauben, die Juden vornehm-
lich und auch die Griechen. [17] Sintemal
darin offenbart wird die Gerechtigkeit,
die vor Gott gilt wörtlich: „Gottes Gerechtigkeit", welche kommt aus Glauben
in Glauben; wie denn geschrieben steht:
„Der Gerechte wird seines Glaubens
leben."

(Quelle: www.bibel-online.net)

Volxbibel 2014: Wie man vor Gott wieder klarkommt (Röm 1,16f)

[16] Diese Sache ist mir übrigens null peinlich! Die neue
Nachricht von Gott ist das powervollste, was geht, sie ist
in der Lage, wirklich jeden aus seinem Dreck rauszuholen,
wenn er sie nur glaubt. „Jeden" meint wirklich jeden. Gott
hat aber zuerst bei den Juden angefangen, diese Nachricht
rüberzubringen – logisch, ist ja sein erwähltes Volk – aber
jetzt gilt sie für jeden Menschen der ganzen Welt. [17] Sie
macht ganz deutlich, wie man mit Gott wieder klarkommen
kann. Und zwar nur dadurch, dass man sein Vertrauen auf
Gott setzt. Es steht ja schon in dem alten Buch: „Wer sein
Vertrauen auf Gott setzt, wird leben."

(Quelle: Martin Dreyer: Die Volxbibel NT 4.0 © 2014 SCM-Verlag GmbH & Co. KG, Witten)

Aufgaben

1. **Lest in Partnerarbeit die drei Übersetzungen derselben Bibelstelle im Römerbrief. Vergleicht alle drei Varianten miteinander und notiert, welche euch am besten gefällt und warum.**
2. **Schreibe in Stichworten auf, was Luther damals wohl erkannt hat. Was, glaubst du, geschah daraufhin mit seinen Ängsten?**

Luthers Theologie

Kritik am Ablasshandel 1/2

Ängste sind überflüssig, wenn man glaubt! Als Luther dies erkannt hatte, wollte er es allen mitteilen: Unermüdlich lehrte, predigte und schrieb er darüber. Gleichzeitig ging er gegen den Ablasshandel vor. Er konnte sich einfach nicht vorstellen, dass Gott wollte, dass die Christen sich mit Geld von ihren Sünden freikaufen sollten. Immer mehr Menschen ließen sich überzeugen, sodass die Einnahmen aus dem Ablasshandel zurückgingen. Die Kirche verlor damit an Einfluss und eine wichtige Einnahmequelle.

Der Ablasshändler Johann Tetzel beim Verkauf von Ablassbriefen – ein echter „Verkaufsschlager" der Kirche (Holzstich von Friedrich Hottenroth, 1877)

Info

Ein **Ablass** ist ein zeitlicher Nachlass von Sündenstrafe, geregelt durch die Kirche des Mittelalters. Um ihn zu erhalten, mussten bestimmte Leistungen erbracht werden, z. B. Gebete, Geldspenden, Stiftungen, Teilnahme an Wallfahrten und Prozessionen. Echte Reue und Buße waren aber nicht notwendig. Der Ablass konnte für lebende oder verstorbene Personen erlangt werden. Die Kirche verwendete das mit dem Verkauf der Ablassbriefe eingenommene Geld hauptsächlich zur Finanzierung von Bauten (z. B. Petersdom) und des aufwändigen Lebenswandels der Kleriker. Der bekannteste Ablasshändler war Johann Tetzel (1460–1519).

Aufgaben – Teil 1

1. **Lies das Gleichnis vom verlorenen Sohn (Lk 15,11–32) und beschreibe die Vaterfigur. Vergleiche deine Aufzeichnungen mit denen deines Nachbarn, ergänze eventuell fehlende Aspekte und überlegt anschließend zu zweit, wie Gott ist, wenn er mit diesem Vater verglichen werden kann.**
2. **Erkläre mit eigenen Worten, wie der Ablasshandel im Mittelalter funktionierte.**
3. **Besprich dann mit deinem Nachbarn, was Luther an der Praxis des Ablasshandels kritisiert hat.**
4. **Wie wohl die Kirche auf Luthers Kritik reagiert? Stellt gemeinsam im Plenum Vermutungen darüber auf.**

Kritik am Ablasshandel 2/2

Luther und Tetzel in Magdeburg – Gespräch zweier Theologen

Martin Luther stellte den Ablasshandel nach seiner Entdeckung im Römerbrief immer mehr infrage – was wäre wohl passiert, wenn er den Ablassprediger Johann Tetzel getroffen hätte? Das Gespräch zwischen den beiden wäre vielleicht so verlaufen:

Tetzel: Seid gegrüßt, Doktor Martinus!

Luther: Tut nicht so scheinheilig, Bruder Johannes. Ich werde den Gläubigen erzählen, welch Betrüger ihr seid. Ihr versprecht dem Menschen einen Nachlass für die Strafe seiner Sünden nach dem Tode. Aber das braucht doch keiner: Gott vergibt dem reuigen Sünder, ohne Ablassbrief. Ihr macht den Menschen Angst – vor Gott, vor dem Gericht und vor dem Fegefeuer, aber Gott liebt die Menschen, er nimmt sie in seiner Gnade auf, immer. Kennt ihr die Bibel nicht? Wisst ihr nicht, was dort geschrieben steht?

Tetzel: Ich bin im Auftrag von Bischof Albrecht hier und auch der Papst hat mich unter seinem Wappen geschickt, damit ich allen das Seelenheil bringe.

Luther: Ihr irrt! Der Glaubende allein kann sein Seelenheil erlangen. Er braucht euch nicht, auch keinen Priester, keinen Bischof. Gott ist sein gnädiger Vater, er ist barmherzig, gütig und freundlich. Der Mensch muss glauben und seine Sünden aufrichtig bereuen. Warum sollte er euren Ablass kaufen? Doch nur weil die Kirche Geld braucht. Was macht sie mit den Talern und Gulden? Habt ihr dies den Menschen auch erzählt?

Tetzel: Mit dem Geld baut der Papst in Rom die schönste Kirche aller Zeiten. Zu Ehren Gottes und seines Sohnes wird die Macht der Kirche für jeden sichtbar werden.

Luther: Und einen anderen Teil des Geldes erhält der Bischof, denn der muss ja dem Fugger Schulden zurückzahlen. Und ihr bekommt auch etwas. Auch hier betrügt ihr die Menschen!

Tetzel: Ihr habt Unrecht! Ich bringe den Menschen das Heil im Auftrag des Bischofs und des Papstes. Sie glauben! Und sie sind beruhigt! Sie sind auch glücklich, etwas für die Verstorbenen tun zu können. Ich nehme ihnen eine große Last von der Seele.

Luther: Ihr könnt die Strafe für die Verstorbenen gar nicht verkürzen. Dies kann nur der Sünder selbst, wenn er vor Gott steht, aber nicht ein Sohn oder Enkel. Und ihr auch nicht!

Tetzel: Ihr seid nur ein kleiner Mönch! Wagt ihr es, meine Aufgabe zu kritisieren? Geht hin und predigt im Namen der Kirche und des Papstes, wie es eure Aufgabe ist. Ihr seid der Kirche zu Gehorsam verpflichtet. Predigt für den Ablass und nicht dagegen!

Johann Tetzel, Theologe und Ablasshändler (Kupferstich von Nikolaus Brühl, o.J.)

Augustinermönch Martin Luther (Holzschnitt von Lucas Cranach d.Ä., 1520)

<u>Aufgaben – Teil 2</u>

5. **Übt den Dialog zu zweit als Rollenspiel ein und tragt es vor der Klasse vor.**
6. **Fasst anschließend im Plenum zusammen, mit welchen Argumenten Tetzel die Gläubigen dazu bringt, Ablassbriefe zu kaufen. Stellt dann gegenüber, wie Luther dagegenhält.**

Luthers Theologie

Die vier Glaubensgrundsätze

Luther gelangt immer mehr zu der Überzeugung, dass die Kirche sich von der Bibel als Grundlage des christlichen Glaubens entfernt hat: Er stellt vier Glaubensgrundsätze auf, die mit vielen Vorstellungen und Praktiken der Kirche brechen.

Sola fide = allein durch Glauben
Damit ist gemeint, dass der Mensch nur durch seinen Glauben an Gottes Gnade und Versöhnung durch Jesus Christus gerettet werden und das ewige Leben erlangen kann.

Sola gratia = allein durch Gnade
Damit ist gemeint, dass der Mensch nur durch die Gnade Gottes ins ewige Leben eingehen wird. Er kann sich nichts erkaufen oder durch gute Werke selbst verdienen.

Sola scriptura = allein durch die Schrift
Damit ist gemeint, dass der Mensch nur die Bibel als Grundlage für seinen Glauben braucht. Alle anderen Anweisungen, z. B. durch Konzilien oder den Papst, sind der Bibel nachgeordnet.

Solus Christus = allein Jesus Christus
Damit ist gemeint, dass der Mensch nur durch Jesus Christus und seinen Opfertod gerettet ist. Nichts sonst (also kein Papst, kein Heiliger, kein Ablass) hat Einfluss auf die Rettung der Gläubigen.

Luther predigt über Christus (Altargemälde von Lucas Cranach d. Ä., 1547–1552)

Aufgaben

1. **Lies die vier Glaubensgrundsätze und besprich mit einem Partner, was sie für Kirche und Gläubige bedeuten.**
2. **Betrachtet dann gemeinsam das Bild und findet heraus, wo diese vier Glaubensgrundsätze im Bild enthalten sind.**

Luthers Theologie

Der Thesenanschlag in Wittenberg

Luther will mit anderen Theologen diskutieren und sie davon überzeugen, dass der Ablasshandel falsch ist. Doch die Ereignisse nehmen einen eigenen Verlauf:

Zeitleiste der Ereignisse um den Thesenanschlag

September 1517	Luther formuliert auf Latein 97 Thesen zum Ablass, die er unter seinen Kollegen verteilen lässt, um eine theologische Diskussion anzuregen.
31. Oktober 1517	Luther formuliert 95 Thesen, wieder in lateinischer Sprache, die er mit einem Brief an seinen Vorgesetzten Erzbischof Albrecht schickt. Er möchte den Ablasshandel überprüfen lassen. Am gleichen Tag schlägt er diese 95 Thesen an die Tür der Schlosskirche in Wittenberg, um Fachkollegen erneut zu einer Diskussion einzuladen. Dies war damals ein übliches Verfahren zur Verbreitung von Neuigkeiten.
November 1517	Buchdrucker in ganz Deutschland drucken die deutsche Übersetzung der 95 Thesen und verbreiten sie als Flugblätter im ganzen Reich.
Juni 1518	Die Kirche in Rom eröffnet gegen Luther einen Prozess wegen Ketzerei: Luther wird vom Papst nach Rom befohlen. Sollte er schuldig gesprochen werden, droht ihm der Scheiterhaufen.

These 21: Es irren daher diejenigen Ablassprediger, die da sagen, dass ein Mensch durch Ablässe des Papstes von jeder Strafe gelöst und errettet wird.	**These 32:** In Ewigkeit werden mit ihren Lehrern jene verdammt werden, die glauben, sich durch Ablassbriefe ihres Heils versichert zu haben.
These 36: Jeder wahrhaft reumütige Christ erlangt vollkommenen Erlass von Strafe und Schuld; der ihm auch ohne Ablassbriefe zukommt.	**These 43**: Man muss die Christen lehren: Wer einem Armen gibt oder einem Bedürftigen leiht, handelt besser, als wenn er Ablässe kaufte.
These 47: Man muss die Christen lehren: Ablasskauf steht frei, ist nicht geboten.	**These 62**: Der wahre Schatz der Kirche ist das allerheiligste Evangelium von der Herrlichkeit und der Gnade Gottes.

(Quelle: Evangelische Kirche in Deutschland auf www.ekd.de/glauben/95_thesen.html)

Aufgaben

1. **Betrachte mit einem Partner die Zeitleiste und überlege, an welchem Punkt Luther die Kontrolle über die Ereignisse verloren hat.**
2. **Lest dann die Thesen und formuliert zu zweit mit eigenen Worten, was Luther meint.**
3. **Stelle dir vor, du bist beim Thesenanschlag in Wittenberg live dabei! Die Menschen, die die Thesen sehen, haben folgende Fragen an Luther:**
   - Was können wir tun, um Buße zu tun?
   - Wie vermeiden wir die Strafen im Fegefeuer?
   - Ist ein Ablassbrief denn ganz wertlos?

   Was würdest du ihnen antworten? Beantworte schriftlich.
4. **Überlegt im Plenum, welche Wirkung die Thesen auf die Gläubigen hatten.**

Durchsetzung der reformatorischen Lehre

Konflikt mit dem Papst

Der Papst wurde durch eine Anzeige auf Luther aufmerksam, nahm die Ablasskritik des kleinen deutschen Mönchs aber zunächst nicht wirklich ernst. Er wandte also erst einmal das Standardverfahren in solch einem Fall an: Jemand, der Kritik an der Kirche übte, wurde aufgefordert, seine Lehren zu widerrufen, dann wurde der Kirchenbann angedroht und wenn immer noch keine genehme Reaktion erfolgte, wurde der Kritiker aus der Kirche ausgestoßen. So versuchte der Papst, Luther zum Gehorsam und zur Zurücknahme seiner Thesen zu zwingen. 1519 ließ er Luther in Leipzig in einer Disputation (einem Streitgespräch) mit Johannes Eck, einem vom Papst ausgewählten Theologen, Stellung nehmen. Beide, Luther und Eck, hatten starke Argumente:

Durch einen Ablassbrief können keine Sünden vergeben werden. Nur Gott kann Sünden vergeben. (A)

Mit den Ablassbriefen bringen wir den Menschen ihr Seelenheil zurück. Sie haben die Möglichkeit, die Strafen für ihre Sünden zu verringern. Wir bewahren sie vor Fegefeuer und Höllenqualen. (C)

Der Papst und die Kardinäle sind auch nur Menschen, die irren können. Sie sind nicht unfehlbar. (B)

Nur an das, was in der Heiligen Schrift steht, sollen die Menschen glauben. (D)

Die Sprache im Gottesdienst muss Latein bleiben. Es gibt keinen Grund, das zu ändern. (E)

Wer an Gott glaubt, den wird er in seine Herrlichkeit aufnehmen. Mit guten Taten kann sich kein Mensch den Himmel verdienen. (F)

Der Papst ist Stellvertreter Gottes auf Erden. Er hat immer Recht. Nur er kann die Bibel richtig auslegen. Er bestimmt, was der rechte Glaube ist. (G)

In den Gottesdiensten soll kein Latein geredet werden. Sonst verstehen die Menschen die Worte des Heils nicht. (H)

Der Papst nutzt seine Machtposition und die Angst der Menschen aus. (I)

Auch nach der Disputation zog Luther seine kritischen Thesen nicht zurück. So schickte der Papst am 15. Juni 1520 die schriftliche Drohung (Papstbulle), ihn aus der Kirche auszuschließen. Luther verbrannte sie öffentlich. Er ließ sich nicht zwingen. Dem Befehl des Kaisers, im Mai 1521 zum Reichstag nach Worms zu kommen, musste Luther allerdings folgen.

Aufgabe

Lies die Argumente in den Sprechblasen aufmerksam durch und ordne sie jeweils Luther oder Eck zu. Vergleicht dann eure Zuordnung im Plenum und begründet bei jeder Aussage, warum ihr euch wie entschieden habt.

Die Reise nach Worms

Ein Brief Luthers an den Freund Lucas Cranach

Luther hatte für die Reise zum Reichstag vom Kaiser Karl V. freies Geleit zugesichert bekommen, doch als er mit dem kaiserlichen Herold und Bruder Ulrich nach Worms unterwegs war, kamen ihm Zweifel. Er hatte Sorgen, ob er diese Reise überleben würde.

Hieronymus Aleander (Kupferstich von Agostino dei Musi, gen. Veneziano, 1536)

Gnad und Friede in Christo. Gnädiger Herr Lucas. Gnad und Friede in Christo. Hochgeborene Frau Barbara.
Nach vielen beschwerlichen Tagen sind Bruder Ulrich und ich in Worms angekommen. Die Reise war anstrengend. In vielen Dörfern und Städten wurden wir herzlichst begrüßt und aufgenommen. Ich sollte predigen und meine Schriften erklären. Viele Menschen hörten zu, stimmten zu, aber viele verurteilten mich auch. Wie kann ich kleiner Mönch es mir erlauben, die Kirche und die Kirchenmänner so zu kritisieren? Wie Jan Hus? Der wurde verbrannt. Steht dieses Schicksal auch mir bevor? Der Herold mit der kaiserlichen Fahne begleitete uns auf dem ganzen Weg. Ob er wirklich unser Leben verteidigen würde? Vielleicht geleitet er uns nur in den Kerker und auf den Scheiterhaufen, trotz Geleitbrief? In Worms angekommen, mussten wir uns durch viel Volk drängen. Die Stadt ist wegen des Reichstags voll. Herre, Weiber, Kindelein, Krämer und Gaukler, auch viele Soldaten verstopfen die Straßen. Und immer wieder mussten wir anhalten, weil Menschen uns begrüßen wollten. Das ist mir immer noch sehr unangenehm. Ich bin Mönch, kein Bischof oder Fürst.
Am Fenster des bischöflichen Palastes habe ich den päpstlichen Nuntius Hieronymus Aleander gesehen. Er trug ein kostbares, rot leuchtendes Gewand. Wie grimmig er schaute! Ich habe euch ein Bildnis Aleanders beigefügt. Schaut selbst!
Morgen muss ich vor ihm und dem Kaiser erscheinen. Ich hoffe, meine Meinungen kundtun zu dürfen. Hoffentlich spricht der Kaiser genug Deutsch. Wie soll er mich sonst verstehen und meine Ansichten dazu?

Die Glocke ruft zur Non. Gott sei mit euch und eurer hochverehrten Frau Barbara.

Bruder Martinus *gegeben zu Worms am 16. Tag des Monats April Anno Domini 1521*

Aufgaben

1. **Lies Luthers Brief an seinen Freund Lucas Cranach und gib anschließend mit eigenen Worten die Gedanken wieder, die sich Luther macht.**
2. **Betrachtet gemeinsam das Porträt des päpstlichen Nuntius Hieronymus Aleander: Wie ist er gekleidet? Was besagt sein Gesichtsausdruck? Welchen Eindruck macht er auf euch?**
3. **Vergleicht dann eure Eindrücke von Aleander mit dem Bild, das ihr euch bisher von Luther gemacht habt. Welche Unterschiede fallen euch auf? Stellt sie an der Tafel heraus.**

Durchsetzung der reformatorischen Lehre

Der Reichstag zu Worms 1/2

Luther auf dem Reichstag zu Worms (Gemälde von Anton von Werner, 1900)

Zeitliche Abfolge der Ereignisse

16. April 1521	17. April 1521	18. April 1521	4. Mai 1521
Luther erreicht Worms nach 14-tägiger Reise.	Luther erscheint vor dem Reichstag und wird ohne Diskussion aufgefordert, seine Schriften zu widerrufen.	Luther erscheint nach 24 Stunden Bedenkzeit erneut vor dem Reichstag und verteidigt seine Schriften. Er widerruft nicht.	Auf der Rückreise nach Wittenberg wird Luther überfallen und verschleppt.

Der Reichstag zu Worms 2/2

Die Folgen für Luther

Martin Luther Verteidigungsrede auf dem Reichstag (18.04.1521)

Wenn ich nicht mit Zeugnissen der Schrift oder mit offenbarten Vernunftgründen besiegt werde, so bleibe ich von den Schriftstellen besiegt, die ich angeführt habe, und mein Gewissen bleibt gefangen in Gottes Wort. Denn ich glaube weder dem Papst noch den Konzilien allein, weil es offenkundig ist, dass sie öfters geirrt und sich selbst widersprochen haben.
Widerrufen kann und will ich nichts, weil es weder sicher noch geraten ist, etwas gegen sein Gewissen zu tun. Gott helfe mir, Amen.

(Quelle: gutenberg.spiegel.de/buch/270/5)

Die Reichsacht gegen Luther und seine Anhänger: Das Wormser Edikt 1521

Und gebieten darauf Euch allen […], den vorgemeldten Martin Luther nit hauset, hofet, ätzt, tränket, noch enthaltet, noch ihme mit Worten oder Werken heimlich noch offenlich keinerlei Hilf, Anhang, Beistand noch Fürschub beweiset, sonder wo Ihr ihne alsdann ankommen und betreten und dessen mächtig sein mügt, ihn gefänglichen annehmet und uns wohlbewahrt zusendet oder das zu tun bestellet […].

(Quelle: www.uni-muenster.de/FNZ-Online/politstrukturen/reformation/quellen/edikt.htm)

Aufgaben

1. **Betrachte das Bild „Luther auf dem Reichstag zu Worms" auf der ersten Seite. Beschreibe die unterschiedlichen Personengruppen, die du erkennen kannst.**
2. **Tragt anschließend eure Erkenntnisse im Plenum zusammen und überlegt gemeinsam, wie der Maler die Konfrontation darstellt und warum auf diese Art.**
3. **Lest die zeitliche Abfolge der Ereignisse in Worms auf der ersten Seite. Schlüpft in Luthers Rolle und besprecht mit der gesamten Gruppe folgende Fragen:**
   - Welche Erwartungen hatte er an den Reichstag?
   - Inwieweit wurden diese Erwartungen erfüllt oder nicht erfüllt?
   - Wie reagierte Luther auf die Forderungen seiner Gegner?
4. **Luthers Auftreten auf dem Reichstag hatte nicht den gewünschten Effekt. Lies die beiden Quelltexte auf der zweiten Seite und überlege, was dies für Luther bedeutete.**
5. **Gestaltet dann in Kleingruppen ein Fahndungsplakat, das nach dem Edikt von Worms zu Luthers Verfolgung erstellt wurde. Wie könnte es ausgesehen haben? Überlegt, welche Elemente und Informationen auf ein solches Fahndungsplakat gehören! Ihr könnt dazu recherchieren, wie solche Plakate in der heutigen Zeit aussehen. Präsentiert die fertigen Plakate in einem Galeriegang.**

Durchsetzung der reformatorischen Lehre

Entführung und Wartburg-Aufenthalt

Der Heimweg von Worms war beschwerlich. Doch Luther und seine Begleiter kamen langsam voran: Die Heimat rückte näher, bald würden sie in Sicherheit sein. Zwar war freies Geleit zugesichert, aber nach den Ereignissen in Worms hatten die Reisenden Zweifel. Und tatsächlich:
Kurz vor Wittenberg wurde die Gruppe überfallen und Luther verschleppt!

Aus Luthers Tagebuch

4. Mai 1521

Ich bin auf einer großen Burg, aber auf welcher? Jetzt sitze ich in einer Kammer, hoch oben bei den Vögeln. Es wird langsam dunkel und ich weiß nicht, wie es weitergehen soll. Als unsere Kutsche plötzlich hielt, dachten wir uns nichts. Unser gnädiger Fürst hatte angedeutet, dass er mich weiter beschützen wolle, aber wir wussten nicht, wie. Dann tauchten vermummte Gesellen auf, jagten meine Begleiter weg und verschleppten mich. Da dachte ich, die Häscher des Kaisers wären meiner habhaft geworden, aber jetzt weiß ich, dass alles geplant war. Der Fürst selbst ließ mich entführen und hierher bringen. Gott sei für seine Fürsorge gedankt!

30. Mai 1521

Ich bin auf der Wartburg, die meinem durchlauchtigen Fürsten Friedrich gehört, und wenn ich überleben will, muss ich hier ausharren. Der Burgverwalter tat mir kund, dass der Kaiser die Reichsacht über mich gesprochen hat. Ich bin also vogelfrei: Keiner darf mir helfen, mir Nachtlager, Kleidung oder Speise geben. Jeder darf mich töten, obwohl unsere Heilige Schrift dies verbietet. Ich soll mich ruhig verhalten und abwarten, soll Haupt- und Barthaar wachsen lassen, die Kleidung eines Landedelmannes tragen und mich Junker Jörg nennen. Keiner hier wisse, wer ich wirklich sei. Mir werden die Tage sehr lang. Ich habe keine Beschäftigung, weiß nicht genau, was ich tun kann. Allerdings habe ich einen Plan: Ich will das Neue Testament ins Deutsche übersetzen!

Luther als Junker Jörg (Gemälde von Lucas Cranach d. Ä., 1521)

Aufgaben

1. **Überlege, warum Fürst Friedrich der Weise Luther entführen ließ. Tragt eure Ideen im Plenum zusammen.**
2. **Stellt dann gemeinsam Vermutungen darüber an, warum Luther vor hat, die Bibel ins Deutsche zu übersetzen.**
3. **Informiere dich über die Wartburg (z. B. unter www.wartburg-eisenach.de oder www.thueringen.info/wartburg-eisenach.html) und schlüpfe dann in die Rolle Luthers. Formuliere einen Brief an Luthers Mitstreiter Philipp Melanchthon in Wittenberg: Berichte ihm über die ersten Tage auf der Burg und die Pläne zur Bibelübersetzung!**
4. **Schreibe anschließend einen Antwortbrief von Melanchthon, in dem dieser seinen Freund wegen des Wormser Edikts vor einer baldigen Rückkehr nach Wittenberg warnt.**

Die Idee von der Übersetzung der Bibel 1/2

Luthers Wartburg-Aufenthalt schien für ihn eine endlose, untätige Zeit zu werden, doch dann hatte er einen Plan: Er hatte schon oft überlegt, wie die Gläubigen sich endlich selbst mit der Lehre Gottes beschäftigen können. Die Messen wurden damals auf Latein gehalten, was Laien kaum verstanden. Auch die Bibel gab es meist nur auf Latein oder Griechisch. Luther wollte aber, dass alle Gläubigen die Botschaft Gottes verstehen und die Bibeltexte selbst lesen können. Auf der Wartburg überlegte er sich folgende Lösungsansätze:

1. Die Bibel muss in **einfaches und verständliches Deutsch** übersetzt werden, das die Gläubigen überall im Reich verstehen.
2. Die Übersetzung muss **mit der neuen Buchdrucktechnik** gedruckt und verbreitet werden, damit sich jede Familie eine Bibel leisten kann.
3. Allen Jungen und Mädchen muss es ermöglicht werden, die **Schule** zu besuchen und lesen, schreiben und rechnen zu lernen.
4. Die **Messen sollen in Deutsch gehalten werden**, damit die Gläubigen das Wort Gottes verstehen.
5. **Jesus Christus ist der Schlüssel zur Vergebung:** Durch ihn kommen die Menschen zu Gott.

Luther machte sich sofort an die Arbeit: Er begann, das Neue Testament zu übersetzen, und plante, diese Übersetzung als preiswerte Ausgabe drucken zu lassen. Seine Vorlage war dabei nicht die fehlerhafte lateinische Textversion „Vulgata“, sondern die 1516 erschienene griechische Übersetzung von Erasmus von Rotterdam. Es war ihm wichtig, eine Übersetzung zu schaffen, die sowohl in der Grafschaft Schwerin (Nordosten des Reiches) als auch im Herzogtum Jülich (Rheinland) oder in der Grafschaft Castell (Bayern) verstanden wird. Dazu erfand er einige neue Ausdrücke, die als Redensarten in unseren täglichen Sprachgebrauch übergegangen sind. Er beschrieb sehr bildhaft und lebendig, denn auch weniger Gebildete sollten seine Bibel verstehen.
Luther übersetzte das Neue Testament in nur sechs Wochen. Für das Alte Testament brauchte er mehrere Jahre. 1534 waren schließlich beide Teile fertig.

Luthers Schreibstube auf der Wartburg

Auszug aus einem Brief Luthers von 1530

„Denn man muss nicht die Buchstaben in der lateinischen Sprache fragen, wie man soll Deutsch reden, wie diese Esel tun, sondern man muss die Mutter im Hause, die Kinder auf der Gassen, den gemeinen Mann auf dem Markt drum fragen und denselbigen auf das Maul sehen, wie sie reden, und darnach dolmetschen; da verstehen sie es denn und merken, daß man deutsch mit ihnen redet.“

(Quelle: www.bibel-in-gerechter-sprache.de/wp-content/uploads/sendbrief.pdf, S. 4)

Die Idee von der Übersetzung der Bibel 2/2

Heute gibt es wieder eine viel diskutierte Bibelübersetzung: die Volxbibel. Sie ist in der Sprache unserer Zeit geschrieben und versucht, vor allem Jugendliche zu erreichen. Die Meinungen dazu sind jedoch geteilt.

Ps 1, 1–2 aus der Lutherbibel von 1912

Der Weg des Frommen – der Weg des Gottlosen

1 Wohl dem, der nicht wandelt im Rat der Gottlosen noch tritt auf den Weg der Sünder noch sitzt, da die Spötter sitzen,
2 sondern hat Lust zum Gesetz des HERRN und redet von seinem Gesetz Tag und Nacht!

(Quelle: www.bibel-online.net)

Ps 1, 1–2 aus der Volxbibel von 2009

Wer voll glücklich ist

1 Voll glücklich ist, wer nicht auf das hört, was die sagen, die null Bock auf Gott haben. Voll glücklich ist, wer nicht den gleichen Mist mitmacht wie jemand, der ständig über Gott lacht. Voll glücklich ist, wer nicht mit den Leuten, die lästern, rumsitzt und jeden und alles abdisst.
2 Gut drauf ist, wer Bock hat rauszufinden, was Gott von ihm will, täglich, 24 Stunden. Wer in seinen Verträgen liest Tag und Nacht und sich darüber voll den Kopf macht.

(Quelle: © 2009 Pattloch Verlag)

Aufgaben

1. **Lies die Texte auf der ersten Seite und stelle schriftlich die Gründe zusammen, warum Luther die Bibel ins Deutsche übertragen wollte. Was denkst du, warum er dabei mit dem Neuen Testament begann?**
2. **Suche dir einen Partner. Überlegt zu zweit, was es bedeutet, dass Luther „dem Volk aufs Maul schauen" wollte.**
3. **Entwerft in Gruppenarbeit eine Anzeige, in der für Luthers Bibelübersetzung geworben wird. Präsentiert die Anzeigen in einem Galeriegang und vergleicht die Ergebnisse!**
4. **a) Lest die ersten beiden Texte auf der zweiten Seite. Diskutiert diese Auszüge der beiden Bibel-Übersetzungen im Plenum – welcher Text gefällt euch besser? Begründet eure Meinung!**
   b) Lest außerdem die Aussage des Sprachforschers. Stimmt ihr ihm zu? Formuliert auch hier Begründungen.

Der Sprachforscher Hartmut Günther über die Volxbibel

„Die ‚Volxbibel' vereinfacht, und das ist problematisch. Und sie geht mit der Mode. Luther wollte, dass die einfachen Leute die Worte verstehen. Aber nicht, dass deren Unwissenheit das Niveau der Sprache bestimmt. Um etwas Wichtiges wie die christliche Botschaft zu transportieren, braucht es eine niveauvolle, universale Sprache [...]"

(Quelle: www.luther2017.de/22617/wem-hat-luther-aufs-maul-geschaut%E2%80%9C-luthers-einfluss-auf-die-sprache?contid=719)

Der Kampf mit dem Teufel

Ein Tintenfass erzählt

Ich habe mit dem Teufel gekämpft und habe ihn besiegt. Ich habe ihn vertrieben! Nun gut, jener Junker Jörg, der seit einigen Wochen in der Kammer arbeitet, hat mich geworfen und ich habe den Teufel – fast getroffen! Aber lasst mich der Reihe nach erzählen:

Ich war ein Tintenfass, klein, unscheinbar, aber immens wichtig und gelehrt. Vieles wurde mit meiner Tinte geschrieben.

Junker Jörg ist ein merkwürdiger Mensch. Er soll ein Edelmann sein, aber mit Schwert und dieser Kleidung fühlt er sich nicht wohl. Seine Haare sprießen in alle Richtungen, aber oben auf dem Kopf sind sie viel kürzer: Ich sehe, dass es dort kahl war, eine Tonsur*, die langsam zuwächst. Er bleibt meist in seiner Kammer, wenn Betrieb auf der Burg ist. Er isst seine Mahlzeiten allein, Besuch bekommt er nie, aber jede Menge Briefe.

Er liest sehr viele Bücher: Eins ist die Vulgata, eine lateinische Bibel, eins eine altgriechische Bibel, älter als die Vulgata, die er viel mehr beachtet. Ihr merkt, ich bin gelehrt! Ich habe gleich gemerkt, dass Junker Jörg am Übersetzen ist, er überträgt das Neue Testament ins Deutsche. Er will, dass die Menschen selbst lesen, was in der Heiligen Schrift über den Herrn Jesus geschrieben steht. Und deshalb übersetzt er jetzt Tag und Nacht. Oft ringt er nach Worten und ist unzufrieden, denn er will einen Text, den alle Menschen verstehen. „Der gemeine Mann auf dem Markt, die Mutter in der Stube und das spielende Kind auf der Gasse sollen verstehen!", murmelt er dann immer.

Letzte Nacht war er besonders angespannt. Er hatte lange nicht geschlafen und plötzlich hörte und sah er etwas und war überzeugt, dass es der Teufel war. Der Teufel, der verhindern wolle, dass er das Wort Gottes zu den Menschen bringt. Ich weiß nicht, ob es die Mäuse waren, die in den dunklen Ecken raschelten. Ich habe nichts gesehen, nur leise Geräusche gehört. Aber der Junker wurde so wütend auf den vermeintlichen Teufel, dass er mich auf ihn schleuderte und alle Tinte an die Wand spritzte. Ich zerbrach an der Wand, es spritzte, aber meine Aufgabe hatte ich erfüllt: Ich hatte den Teufel vertrieben, alles war still. Und der Junker war sehr erleichtert.

So und nicht anders ist es gewesen: Ich war dabei! Junker Jörg, der eigentlich Martinus Luther heißt, und ich haben den Teufel verjagt.

** Tonsur = kahl geschorene Stelle auf dem Kopf katholischer Geistlicher im Mittelalter*

Luther – in der Kleidung eines Landedelmanns und mit Schwert – beginnt in seiner Schreibstube mit der Bibelübersetzung (Radierung von Gustav König, 1847)

Aufgaben

1. **Lest in Kleingruppen gemeinsam den Tintenfass-Bericht und fasst zusammen, was passiert ist.**
2. **Schlüpfe dann in die Rolle von Junker Jörg alias Martin Luther und schreibe einen Tagebucheintrag über die Erlebnisse jener Nacht.**
3. **Lest eure Berichte im Plenum vor und überlegt gemeinsam, warum Luther diese Visionen hatte.**

 ISBN 978-3-8346-2773-5 | www.verlagruhr.de

Probleme der reformatorischen Zeit

Unruhen in Wittenberg

Während sich Luther auf der Wartburg aufhielt, kam es in Wittenberg und Umgebung zu **Unruhen**. Dabei setzten Luthers Mitstreiter, darunter auch sein wichtigster Verbündeter, der Philosoph und Theologe Philipp Melanchthon, seine Ideen zur **Reform der Kirche** weiter durch:

- Mehrere **Priester heirateten** und wandten sich so von der Ehelosigkeit (dem sogenannten Zölibat) ab.
- Die **Messen** wurden **in Deutsch**, nicht mehr in Latein gehalten, sodass die Gläubigen das Wort Gottes nicht nur hören, sondern auch verstehen konnten.
- Einige Priester trugen bei der Messen nicht mehr die liturgischen Gewänder, sondern den **einfachen schwarzen Talar** der Universitätsprofessoren. Sie zeigten damit, dass sie keine herausragenden Mittler zwischen den Gläubigen und Gott sein konnten und wollten.
- Das **Abendmahl** wurde häufig in beiderlei Gestalt gefeiert, d. h. bei der Kommunion wurde den Gläubigen **neben der Hostie nun auch der Kelch mit Wein** gereicht, da im Neuen Testament steht, dass Jesus beim letzten Abendmahl Brot (= Hostie) und Wein (= Kelch) segnete und an seine Jünger reichte.
- Die Beichte wurde eingeschränkt, teils sogar abgeschafft, um die **Verantwortung für begangene Sünden** und deren Buße **in die Hände des Gläubigen** zu legen.
- Auch das **Fasten wurde geändert oder ganz abgeschafft**, denn Gottes Gnade sollte nicht durch solche äußere Taten angestrebt werden.
- Mancherorts wurde sogar die **Kirchenmusik** abgeschafft, um die Gläubigen nicht von der Heiligen Messe abzulenken.
- Die **Altäre der Heiligen** wurden **abgebaut**, denn nur Jesus Christus, sein Leben und seine Lehren sollten im Zentrum des Glaubens stehen.

Der Bildersturm

Im **Frühling 1522** musste Luther die Wartburg endgültig verlassen, denn in Wittenberg kam es nach Aufrufen des Universitätsprofessors Andreas Bodenstein (genannt Karlstadt) zum Bildersturm: Es gab Ausschreitungen und Plünderungen, bei denen die Heiligenbilder und andere **religiöse Bildwerke in den Kirchen zerstört** wurden. In der von Karlstadt formulierten reformatorischen Ordnung Wittenbergs hieß es: „Es sollen auch die Bilder und Altäre in der Kirche entfernt werden, um Abgötterei zu vermeiden, drei Altäre ohne Bilder sollen vollauf genügen." Luther sprach sich allerdings entschieden gegen den Bildersturm aus und beendete ihn schließlich, indem er überzeugend dagegen argumentierte.

Aufgaben

1. **Überlege, welche der oben genannten Reformen sich durchgesetzt haben.**
2. **Tragt im Plenum zusammen, was ihr heute typischerweise in evangelischen und katholischen Kirchen findet! Sammelt Gemeinsamkeiten und Unterschiede in einer Tabelle an der Tafel.**
3. **a) Betrachte mit einem Partner das Bild und beschreibt genau, was ihr erkennt.**
   b) Stellt nun im Plenum Vermutungen darüber an, was Karlstadt mit dem Bildersturm bezwecken wollte. Warum wohl war Luther dagegen?

Katharina von Bora, die „Lutherin" 1/2

Eine Frau an Luthers Seite musste schon etwas Besonderes sein, um mit diesem bedeutenden, unbeugsamen Mann Schritt halten zu können. Sie brauchte enormes Selbstbewusstsein, Tatkraft, Durchsetzungsvermögen und Wissen in vielen Bereichen. Luther, der Mönch, entschied sich für Katharina von Bora, eine Nonne aus verarmtem Adel.

Lebenslauf bis zur Eheschließung

29.01.1499 (?)	Katharina von Bora wird auf Gut Lippendorf bei Leipzig geboren.
1504	Die 5-jährige Katharina wird an das Klosterstift in Brehna übergeben.
1509	Katharina zieht ins Kloster Nimbschen, um sich dort auf das Leben als Nonne vorzubereiten.
1515	Katharina legt das Ordensgelübde ab, verspricht Ehelosigkeit, Gehorsam und ein Leben in Armut. Sie lernt lesen, schreiben, singen und Latein sowie Grundlagen der Gutsverwaltung und Krankenpflege. Sie ist lernfreudig, wissbegierig und liest auch kirchenkritische, reformatorische Schriften.
1523	Gemeinsam mit Martin Luther organisiert Katharina an den Ostertagen 1523 mit acht Nonnen ihre Flucht aus dem Kloster, wobei sie sich auf einem Wagen mit Heringsfässern versteckt. Die Frauen werden in Wittenberg bei Luthers Freunden untergebracht und nach und nach verheiratet. Nur Katharina, die bei Familie Cranach lebt, heiratet nicht, da die Eltern des ausgewählten Bräutigams der Ehe mit einer entflohenen Nonne nicht zustimmen. Sie ist als einzige Nonne noch ledig und macht deutlich, dass sie Luther heiraten würde; der stimmt nach langem Überlegen zu.
13.06.1525	Die ehemalige Nonne Katharina von Bora (26 J.) und der ehemalige Mönch Martin Luther (42 J.) heiraten in Wittenberg. Sie erhalten später vom Kurfürsten das ehemalige Augustinerkloster als Hochzeitsgeschenk.

Martin und Katharina Luther (Doppelporträt von Lucas Cranach d. Ä., 1529)

Probleme der reformatorischen Zeit

Katharina von Bora, die „Lutherin" 2/2

Katharina von Bora übernahm sofort alle Aufgaben als Verwalterin des ehemaligen Klosters. Sie baute es so um, dass es zu einem Rückzugsort und gastlichen Haus für die Freunde wurde, die oft lange bei den Luthers blieben – zeitweise waren bis zu 50 Gäste zu Besuch.

Katharina war auf vielen Gebieten tätig. Sie braute Bier, bewirtschaftete große Gärten und betrieb ein Hospiz (Krankenhaus). Geschickt vermehrte sie den Besitz, sodass ein großes Gut erworben werden konnte.

Dank ihrer geistlichen Erziehung war sie Luther eine ebenbürtige Gesprächspartnerin, die sich in die Gespräche bei Tisch einbrachte – was zur damaligen Zeit normalerweise nicht gern gesehen wurde.

Die Luthers hatten sechs Kinder, von denen zwei früh starben. Immer wieder nahmen sie zusätzlich Waisenkinder auf. Martin Luther vertraute seiner Frau voll und ganz. Sie war für ihn „Herr Käthe", seine „liebe Käthe, Lutherin und Brauerin" oder auch der „Morgenstern von Wittenberg": Ausdruck seiner großen Zuneigung und Bewunderung. Er setzte sie schließlich als Alleinerbin ein, womit er das Landesrecht brach, das Frauen von der Erbschaft ausschloss. Katharina ließ Luthers Testament zur Sicherheit vom Landesfürsten bestätigen, sodass sie das Erbe antreten konnte. Sie starb sechs Jahre nach Luther am 20.12.1552 an den Folgen eines Kutschenunfalls in Torgau.

Grabplatte auf dem Grab von Katharina von Bora in Torgau

<u>Aufgaben</u>

1. **Stellt euch vor, wie es wohl der kleinen Katharina geht, als sie ins Kloster gebracht wird. Versucht nachzuvollziehen, wie sie die Ausbildung im Kloster erlebt. Tragt dann eure Überlegungen in einem Mindmap an der Tafel zusammen.**
2. **Betrachte die Bilder von Martin und Katharina Luther auf der ersten Seite und halte schriftlich fest, welchen Eindruck sie auf dich machen.**
3. **Suche mit einem Partner anhand der Texte und Bilder nach Adjektiven, die die „Lutherin" treffend beschreiben.**
4. **Fasse in eigenen Worten das gemeinsame Leben der Luthers schriftlich zusammen.**
5. **a) Sammelt im Plenum eure Eindrücke zu den beiden Luthers und ihrer Ehe.**
   b) Bis heute gilt das Eheleben der Luthers oft als Vorbild für Pfarrerfamilien. Findet heraus, welche Aufgaben die Partner von Pfarrern oder Pfarrerinnen heute in der Gemeinde erfüllen könnten. Berichtet dann im Plenum über eure Ergebnisse.

Die Bauernkriege

Durch den Buchdruck verbreiteten sich Luthers Schriften im ganzen Heiligen Römischen Reich Deutscher Nation. Alle lasen seine reformatorischen Texte, auch die unzufriedenen Bauern im Reich. Sie litten seit Jahrhunderten unter den Grundherren und ihren Forderungen, wie z. B. dem Kornzehnt und dem Viehzehnt, also der erzwungenen Abgabe von Ernte und Vieh an den Grundherrn.
Als nun Luthers Schrift „Von der Freiheit eines Christenmenschen" bekannt wurde, ließ besonders ein Satz die Bauern aufhorchen:

Ein Christenmensch ist ein freier Herr über alle Dinge und niemandem untertan.

(Quelle: www.luther2017.de/679-lutherschrift-von-der-freiheit-eines-christenmenschen)

Dadurch ermuntert, forderten viele Bauern Veränderung. Aber die Grundherren waren nicht gewillt, Zugeständnisse zu machen. Da schlossen sich die Bauern zusammen und bewaffneten sich mit Äxten, Heugabeln, Knüppeln oder Sensen. Angespornt wurden sie von Thomas Müntzer, der in den südöstlichen Landesteilen den Widerstand organisierte.
Luther, auf den sich die Bauern beriefen, lehnte jedoch jede Gewalt ab. Er tadelte Fürsten und Bauern gleichermaßen:

„Erstens können wir niemand auf Erden für solch Unheil und Aufruhr danken, als euch Fürsten und Herren [...] Dazu tut ihr im weltlichen Regiment nicht mehr, als daß ihr schindet und Geld eintreibt, euren üppigen und hochmütigen Lebenswandel zu führen, bis es der gemeine Mann nicht länger ertragen kann [...]"

(Quelle: www.uni-due.de/collcart/es/sem/s8/txt07_3.htm)

„Dreierlei greuliche Sunden wider Gott und Menschen laden diese Baurn auf sich, daran sie den Tod verdienet haben an Leibe und Seele mannigfältiglich: Zum ersten, daß sie ihrer Oberkeit treu und hulde geschworen haben [...] Zum andern, daß sie Aufruhr anrichten, rauben und plundern mit Frevel Kloster und Schlosser [...] Zum dritten, daß sie solche schreckliche, greuliche Sunde mit dem Evangelio decken [...]"

(Quelle: www.glaubensstimme.de/doku.php?id=autoren:l:luther:w:wider_die_raeuberischen_und_moerderischen_rotten)

Aufgaben

1. **Erläutere, wie die Bauern den oben stehenden Satz Luthers vom „freien Christenmenschen" wohl interpretiert haben.
Diskutiere außerdem mit einem Partner, ob sie ihn in Luthers Sinn verstanden haben!**
2. **Lest dann gemeinsam im Plenum Luthers Stellungnahmen und erklärt in euren eigenen Worten, wie er seine Position begründet.**

Die Protestanten und das Augsburger Bekenntnis

Der Reichstag zu Speyer 1529

Nach dem Reichstag von Worms 1521 war es verboten, Luthers Schriften und Lehren zu verbreiten (Wormser Edikt). Er selbst stand immer noch unter Reichsacht, d. h., er war „vogelfrei" (rechtlos). 1526 hatte der Kaiser die **Religionsfreiheit** der Landesherren zwar anerkannt, versuchte dies aber auf dem Reichstag zu Speyer 1529 rückgängig zu machen und die evangelischen Fürsten und freien Reichsstädte wieder zum Katholizismus zu zwingen. Daraufhin verließen Vertreter von 14 freien Reichsstädten den Sitzungssaal und verfassten eine „Protestationsschrift". Seit dieser Aktion werden die **Anhänger der Reformation** als **Protestanten** bzw. protestantisch bezeichnet, heute auch **gleichbedeutend mit evangelisch.**

Der Reichstag zu Augsburg 1530

Ein Jahr später sollte der Konfessionsfrieden im Reich auf dem Reichstag zu Augsburg wieder zum Hauptthema werden, denn der Kaiser war mit der Protestationsschrift immer noch nicht einverstanden.

Luthers Freund und Mitstreiter Philipp Melanchthon trat auf Wunsch des sächsischen Kurfürsten Johann als Fürsprecher der Reformation auf. Er hatte die „**Confessio Augustana**" verfasst, ein Bekenntnis, in dem er nachwies, dass die reformatorischen Ideen auf Bibel und christlicher Lehre basierten.

Der Kaiser jedoch ließ die „Confessio Augustana" **von den Theologen Johannes Eck und Peter Faber widerlegen** und bestätigte erneut die Gültigkeit des Wormser Edikts von 1521.

Erst nach Luthers Tod wurde mit dem **Augsburger Reichs- und Religionsfrieden 1555** endgültig ein Gesetz verabschiedet, das den Anhängern des lutherischen Bekenntnisses freie Religionsausübung garantierte. Seitdem existieren die reformatorischen Ideen in der evangelischen Kirche neben dem Katholizismus.

<u>Aufgaben</u>

1. **Erstellt in Kleingruppen eine Zeitleiste, an der in einzelnen Stationen die Anerkennung der evangelischen Kirche deutlich wird. Ergänzt dazu die einzelnen Abschnitte der Leiste mit Stichwörtern.**
2. **Schlüpfe in die Rolle Luthers und berichte in einem Tagebucheintrag von deinen Gefühlen sowie deinen Erwartungen an Melanchthon und die Reichstage! Lest einige Einträge im Plenum vor und überlegt gemeinsam, ob die Erwartungen erfüllt wurden.**
3. **Informiert euch im Internet oder in Lexika über das Lutherdenkmal in Worms von 1868. Findet heraus, welche Figuren und Städte dort dargestellt sind und warum!**

Lutherdenkmal in Worms: Die Reformation und ihre Förderer

© Verlag an der Ruhr | Autorin: Sabine Falter | ISBN 978-3-8346-2773-5 | www.verlagruhr.de

Probleme der reformatorischen Zeit

Die letzten Jahre

Nach den Reichstagen von Speyer (1529) und Augsburg (1530) verbreitete sich die Reformation langsam weiter. Das Glaubensbekenntnis „Confessio Augustana“ wurde vom Kaiser stillschweigend anerkannt, der **politische Druck auf Luther wurde geringer**. Die theologischen Auseinandersetzungen mit anderen reformatorischen Ideen und Reformatoren, wie Huldrych Zwingli in Zürich oder Erasmus von Rotterdam, der in Basel lebte, prägten Luthers letzte Lebensjahre.

Melanchthon und er blieben die führenden Köpfe der Reformation, aber Luther zog sich langsam aus den Auseinandersetzungen zurück. Seine späten Schriften hatten weniger Einfluss, er konzentrierte sich auf seine Vorlesungen und Predigten.
Daneben **komponierte und dichtete** er, denn er war überzeugt, dass auch Gesang im Gottesdienst die Reformation verbreitete, dass dem Teufel die Musik unerträglich sei und die Gläubigen aus den Kirchenliedern viel lernten. 1545 brachte er sein letztes Gesangbuch heraus – es bildet noch heute die Grundlage des Evangelischen Gesangbuchs.

Ansonsten genoss Luther sein **Familienleben** mit den Kindern und seiner tüchtigen Frau. Seine Gesundheit war allerdings durch eine Herzerkrankung zunehmend angegriffen. Als er im Februar 1546 nach Eisleben reiste, war er bereits schwach, wollte aber dennoch in einem Streit der Mansfelder Grafenfamilie vermitteln. Zwar konnte er den Konflikt beilegen, erlitt jedoch einen Schwächeanfall.

Einen Tag darauf, am **18. Februar 1546**, verstarb Luther an einem erneuten Schwächeanfall in seiner Geburtsstadt. Auf dem Sterbebett wurde er vom Mansfelder Hofpredigers gefragt: „Doktor Martinus, Hochwürdiger Vater, wollt ihr auf Christus und die Lehre, die ihr in seinem Namen gepredigt habt, sterben?“ Luther soll deutlich mit „Ja!“ geantwortet haben und kurz darauf friedlich eingeschlafen sein.

Luther im Jahre 1546
(Holzschnitt nach Lucas Cranach d. Ä., 1546)

<u>**Aufgaben**</u>

1. **Überlegt gemeinsam, warum Luther nach dem Reichstag von Augsburg 1530 nicht mehr so stark als Führer der Reformation wahrgenommen wird.**
2. **Während seines Aufenthalts in Eisleben merkt Luther, dass sein Leben zu Ende geht: Schlüpfe in die Rolle des Sterbenden und schreibe einen Abschiedsbrief an Katharina Luther. Was, denkst du, hätte Luther seiner Frau noch sagen wollen?**
   Lest anschließend einige Briefe vor und nehmt dazu Stellung.

Evangelische Kirche in Deutschland heute

Christen in Deutschland

Auch heute ist Deutschland ein christliches Land, obwohl der Anteil der Christen in der Gesamtbevölkerung seit Jahrzehnten abnimmt. Das hat mehrere Gründe: Zum einen gehörte der Großteil der Bevölkerung der ehemaligen DDR keiner Religion an, denn wie in allen sozialistischen Ländern fürchteten die Machthaber den Einfluss der Kirche und verdrängten sie deshalb konsequent aus dem öffentlichen Leben. Zum anderen sind vor allem seit den 1950er-Jahren viele Zuwanderer nach Deutschland gekommen, die anderen Religionen, oft dem Islam, angehören. Die Religionsverteilung innerhalb Deutschlands hat sich also in den letzten 100 Jahren stark verändert.

Evangelische Christen in Deutschland

Zurzeit ist die evangelische Kirche in Deutschland (EKD) etwa gleich groß wie die römisch-katholische Kirche. Sie hat ihren Aufgabenbereich seit der Reformation kontinuierlich erweitert und ist eine gewichtige Stimme auch in ethischen Fragen, die die Bevölkerung bewegen, z. B. in Sachen Flüchtlingspolitik oder Sterbehilfe: Letztere hat Nikolaus Schneider, damals Ratsvorsitzender der EKD, 2014 nach der Krebserkrankung seiner Frau und dem Krebstod seiner Tochter thematisiert.

Info – Christen in Deutschland (2012)

Gesamtbevölkerung: 80 523 746
Davon Christen: 49 928 792
→ Anteil der Christen an der Bevölkerung = 62,0%

Verteilung der Christen in Deutschland auf die verschiedenen Glaubensrichtungen:

Evangelische Kirche in Deutschland	23 356 096
Evangelische Freikirchen	332 914
Römisch-katholische Kirche	24 340 028
Orthodoxe Kirchen	1 361 000
Andere christliche Kirchen*	38 754
Andere christliche Gemeinschaften**	500 000

* berechnet auf Basis der Daten zu den Mitglieds- und Gastmitgliedskirchen der ACK (Arbeitsgemeinschaft christlicher Kirchen in Deutschland)

** z. B. neue christliche Gemeinschaftsbildungen oder Neuapostolische Kirche (Angaben geschätzt von der Evangelischen Zentralstelle für Weltanschauungsfragen [EZW])

(Daten nach: www.ekd.de/statistik/mitglieder.html)

Aufgaben

1. a) **Erläutere und begründe mithilfe des Textes und der Daten im Infokasten die Veränderung der „religiösen Landschaft" in Deutschland.**
   b) **Sortiere dann die statistischen Daten in der Tabelle nach der Größe und erstelle ein Kreisdiagramm, um dir die Verteilung der verschiedenen Glaubensrichtungen innerhalb des Christentums in Deutschland zu verdeutlichen.**
2. a) **Überlegt zu zweit, welche Aufgaben und Tätigkeiten der Kirche euch bekannt sind.**
   b) **Sucht dann auf der Seite der Evangelischen Kirche in Deutschland (www.ekd.de) nach deren Hauptbetätigungsfeldern. Stellt Vermutungen darüber an, warum sie sich auch der Politik und sozialen Projekten widmet.**
3. **Überlegt in Kleingruppen, wie ihr ein Luther-Jubiläum gestalten würdet. Gleicht eure Ideen mit den Planungen der EKD ab (www.luther2017.de). Gibt es Anregungen, die ihr für euer Jubiläumskonzept übernehmen möchtet? Tragt anschließend die Gruppenergebnisse im Plenum zusammen und kürt das beste Konzept!**

Lösungen

Religionsunterricht in der 7 c S. 4

Aufgabe 2:
Sicherlich gibt es auch heute noch kirchliche Widerstände gegen das Eingeständnis, die Kirche habe Fehler gemacht, die das Aufkommen der reformatorischen Bewegung historisch und sachlich begünstigten.
Getrennten Religionsunterricht gibt es, weil die beiden Kirchen überzeugt sind, dass ihre jeweilige Position korrekt sei und sie so keine gemeinsame Grundlage für den gemeinsamen Religionsunterricht sehen.
Anhänger der lutherschen Ideen ist die evangelische Kirche, Gegner Luthers ist immer noch die katholische Kirche.

Aufgabe 3:
Positiv z. B.: Christoph Kolumbus, Martin Luther King, Rosa Parks, Mutter Theresa, Gandhi, Albert Schweitzer; negativ z. B.: Adolf Hitler, Josef Stalin, Osama bin Laden.

So lebten die Menschen im Mittelalter S. 5

Aufgabe 2:
Sie erhofften sich Hilfe bei Gott bzw. in ihrer Frömmigkeit. Eventuell kann hier auch schon darauf eingegangen werden, dass sie im Rahmen des Ablasshandels für ein besseres Leben nach dem Tod bereit waren, von ihrem knappen Geld zu bezahlen.

Aufgabe 3:
Genannt werden könnten hier: Naturkatastrophen, Umweltschäden, daraus resultierende gesundheitliche Gefahren, Kriege, No-future-Szenarios.

Die Bedeutung der Kirche im Mittelalter S. 6 – 7

Aufgabe 1:
Mangels Aufklärung und naturwissenschaftlicher Information mussten die Menschen des Mittelalters Hungersnöte, Kriege, Krankheiten usw. für Strafen Gottes halten; ihre einzige Rettung lag bei der Kirche als Mittlerin zu Gott. Davon leiteten die Kleriker den Anspruch auf üppige, ja luxuriöse Versorgung ab: Dass die Gläubigen fast alles taten, um ins Paradies zu gelangen, gab ihnen Spielraum, sie auszubeuten. Die Alleinstellung der Kirche bezog sich ebenso auf Bildung, Kultur und Kunst, die in den Klöstern tradiert wurden.

Aufgabe 2:
Auf dem Bild klar zu erkennen sind der Ablassbrief mit den herabbaumelnden Siegeln, der vom Ablasshändler auf dem Pferd hochgehalten wird, sowie die Gläubigen, die einen Taler bringen, um sich von ihren Sünden freizukaufen. Das Geld für die Ablassbriefe wurde damals in Kisten gesammelt; auch sie ist auf dem Bild zu sehen. Angeblich stand auf einer solchen Kiste des Dominikanermönchs und Ablasshändlers Johann Tetzel der Spruch „Wenn das Geld im Kasten klingt, die Seele aus dem Feuer springt." Er fasst anschaulich zusammen, was die Kirchenvertreter damals glaubten und den Menschen versprachen (nämlich dass sie sich vom Fegefeuer freikaufen können), und lässt gleichzeitig deutlich werden, welche wichtige Rolle der finanzielle Aspekt (für die Kirche) dabei spielte.

Aufgabe 3:
Die Monopolstellung der Kirche(n) ist heute längst überholt und die Menschen haben für Lebensglück, Bildung, Religiosität usw. Zugriff auf vielfältige Ressourcen.

Aufgabe 4 b:
In dem Gespräch kritisieren die drei Freunde, dass ...

- Ablassbriefe gegen die Qualen im Fegefeuer verkauft werden.
- zu viele Heilige angebetet werden.
- der Lebenswandel der Priester nicht ihrem Gelöbnis entspricht.
- die Messe in Latein und mit dem Rücken zur Gemeinde abgehalten wird, sodass keiner etwas sieht und versteht.
- die Kleriker sich als ausschließliche Vermittler zu Gott verstehen.
- die Kirchenabgaben, die eingetrieben werden, nicht für die eigentliche Aufgabe der Kirche verwendet werden (Seelsorge, Krankenpflege, Armenversorgung).

Kindheit und Jugend S. 8

Aufgabe 1:
e – c – b – a – d – f

Exkurs: Leben im Kloster S. 10

Aufgabe 3:
Als Vorteile des Klosterlebens könnten genannt werden: geregelter Tagesablauf, regelmäßiges Essen, feste Unterkunft, Pflege bei Krankheit, Begräbnis auf dem Klosterfriedhof, Ruhe, konzentriertes Arbeiten ...
Eventuelle Nachteile wären z. B.: keine individuellen Freiheiten im Tagesablauf, nachts nur fünf Stunden Schlaf (mit Unterbrechung), Kontakt hauptsächlich zu anderen Mönchen/etwas abgeschottetes Dasein hinter den Klostermauern, Betteln kann unangenehm sein ...

Lösungen

Ängste und das Streben nach Gottes Barmherzigkeit S. 11 – 12

Aufgabe 2:

Welche Befürchtungen hat Luther? Was belastet ihn?	Wie versucht er, Gottes Urteil zu beeinflussen?
bohrende Frage, warum Gott die Menschen so straft	nächtelanges Lesen in der Heiligen Schrift
Angst vor Gott als strengem Richter	mehrmals am Tag Ablegen der Beichte
dauernde Sorge, seine Anstrengung reiche nicht, um ins Himmelreich zu kommen	nächtelange Gebete
Frage, ob und wann Gott den Menschen verzeiht	striktes Einhalten der Klosterregeln
Unruhe, dass Gott alles sieht und beurteilt	Geißelungen
Suche nach einem gnädigen Gott	

Aufgabe 5:
Das vierte Gebot befiehlt, Vater und Mutter zu ehren. Luthers Vater war der Überzeugung, dass Luther ihm diese Ehrerbietung nicht erweist, wenn er den Berufswunsch seines Vaters ignoriert und ins Kloster eintritt. Dies sei Ungehorsam ihm gegenüber.

Aufgabe 7:
Geißelungen sind dem eigenen Körper mit Ruten, Peitschen oder Stöcken zugefügte Schmerzen. Eine Geißel ist eine Peitsche mit Riemen, oft verstärkt durch Metallkugeln oder Metallspitzen. Luther geißelte sich, weil er glaubte, Gott wolle, dass sich die Menschen für begangene Sünden selbst bestrafen.

Die Reise nach Rom S. 13

Aufgabe 1:
Luther erwartete Rom als fromme Stadt, die von gläubigen Menschen bewohnt oder von frommen Pilgern besucht wurde. Stattdessen traf er auf in Luxus lebende Kleriker, gewissenlose Reliquienhändler und Gläubige, die keine echte Reue für ihre Sünden aufbringen konnten.

Exkurs: Der Petersdom S. 14

Aufgabe 1:
Länge: 211,5 m
Breite: 138 m
Höhe: 132,5 m
Grundsteinlegung: 18. April 1506
Bauzeit: 120 Jahre
geweiht: 18. November 1626

Ausstattung der Hauptkirche:
Anzahl der Marmorsäulen: 229
Anzahl der Travertinsäulen: 553
Anzahl der Altäre: 45
Grundfläche: 15 160 m²
→ Platz für ca. 60 000 Menschen

Peterspfennig:
Geldsammlung für den Papst, der damit die karitative Arbeit finanzieren soll

Ablassbriefe:
Bescheinigungen der Kirche, bei deren Erwerb man (angeblich) einen zeitlichen Erlass der Strafe für Sünden erhielt

Lösungen

Das Turmerlebnis – eine Entdeckung wirkt Wunder S. 15

Aufgabe 2:
Luther erkannte, dass Gott grundsätzlich gnädig gestimmt ist gegenüber den Menschen, die an ihn glauben. Gott ist wie ein Vater, der sich immer um seine Kinder sorgt und diese auch nach Verfehlungen (= Sünden) wieder aufnimmt, tröstet und ihnen beisteht.
Luthers Angst vor dem strafenden Gott verschwand: Er erkannte, dass sie unbegründet war, da Gott denen, die glauben und auf ihn vertrauen, gnädig ist.

Kritik am Ablasshandel S. 16 – 17

Aufgabe 1:
Der Vater im Gleichnis ist gütig und gnädig. Er freut sich, dass der Sohn wieder zu ihm gekommen ist. Er zeigt diese Freude offen und gibt ein großes Fest. – Gott ist wie der Vater, weil er ebenfalls gütig und gnädig und voller Freude über einen heimkehrenden Sohn ist.

Aufgabe 3:
Luther kritisierte den Ablasshandel, weil er ohne Reue und Buße stattfindet und ein reines Geldgeschäft ist. Darüber hinaus wurde das Geld nicht dafür genutzt, um die Kirchenarbeit zu unterstützen, sondern zur Finanzierung des Kirchenprunks und des Luxuslebens der Kleriker.

Aufgabe 4:
Die Kirche war natürlich erbost über eine Kritik, die ihr die Geschäftsgrundlage entzog.

Die vier Glaubensgrundsätze S. 18

Aufgabe 2:
Luthers Hände weisen auf den gekreuzigten Christus (= solus Christus) und auf die Bibel (= sola scriptura). Er fordert den Glauben der Gemeinde (= sola fide) an das, was Voraussetzung zum Erlangen der Gnade und Barmherzigkeit Gottes (= sola gratia) ist.

Der Thesenanschlag in Wittenberg S. 19

Aufgabe 1:
Als sein Anliegen auf Flugblätter gedruckt und verbreitet wird, wird die Sache zum „Selbstläufer". Mit Eröffnung des Ketzerprozesses ist Luther dem Papst schließlich ausgeliefert.

Aufgabe 3:
Dem Gläubigen, der seine Taten aufrichtig bereut, ist Gottes Gnade und Barmherzigkeit gewiss. Vermeiden kann er die Strafen im Fegefeuer, wenn er ein gottgefälliges Leben führt und seine Sünden aufrichtig bereut. Ein Ablassbrief, der einfach so erworben werden kann, ist hingegen wertlos.

Aufgabe 4:
Die Gläubigen waren irritiert. Sie verstanden erst nicht und versuchten, durch Diskussionen eine Lösung zu finden. Erst langsam erkannten sie, dass nur der eigene Glaube hilft. Für Ablassbriefe brauchten sie also kein Geld mehr auszugeben.

Lösungen

Konflikt mit dem Papst S. 20

Luthers Argumente: A, B, D, H, I; Ecks Argumente: C, E, F, G

Die Reise nach Worms S. 21

Aufgaben 2 und 3:
Luther ist ein einfacher Mönch: jung, dynamisch und von seiner Bibelauffassung überzeugt. Er sieht in seinen Entdeckungen nur Vorteile für die Menschen, will die Missstände in der Kirche beheben und ihr Gutes tun.
Aleander ist ein wichtiger Mann in der kirchlichen Hierarchie. Nur sechs Jahre älter als Luther, wirkt er auf dem Bild mit Umhang, Kopfbedeckung und Siegelring imponierend. Seiner Stellung bewusst, folgt er unbeirrt der offiziellen Lehrmeinung.

Der Reichstag zu Worms S. 22 – 23

Aufgaben 1 – 2:
Die unterschiedlichen Positionen sind einander unversöhnlich gegenübergestellt: Anhänger und Gegner der Reformation, dazwischen scheint es nichts zu geben. Luther in seiner schlichten Mönchskutte fällt ab gegen den kaiserlichen Prunk (Thron, Reichsadler etc.).

Aufgabe 3:
Sicher hatte Luther erwartet, auf dem Reichstag seine theologischen Positionen darlegen und ernsthaft diskutieren zu können. Doch wurde diese Erwartung nicht erfüllt: Stattdessen reagierte der Kaiser mit Druck und Luther bekam keine Möglichkeit, seine Meinung zu erklären und durch Argumente zu verteidigen.
Luther war zwar enttäuscht von der alleinigen Forderung seiner Gegner, seine Schriften zu widerrufen, doch nach einer Bedenkzeit begründete er, warum er dies nicht tun könne.

Aufgabe 4:
Luther konnte nicht anders als auf sein an der Bibel geschärftes Gewissen zu hören; Widerrufen kam nicht infrage. Durch das Wormser Edikt wurde er „vogelfrei“ (Reichsacht), verlor alle Rechte und jegliche Unterstützung durch Mitmenschen war unter Strafe verboten.

Aufgabe 5:
Auf dem Fahndungsplakat sollte zum einen ein <u>Porträt</u> Luthers abgebildet sein (die Schüler können beispielsweise Bilder im Internet recherchieren oder eins von den bereits ausgeteilten Arbeitsblättern benutzen). Darüber hinaus sollten sein <u>Name</u>, seine <u>Vergehen</u>, die <u>verhängte Strafe</u> und der <u>Initiator der Verfolgung</u> genannt werden.

Entführung und Wartburg-Aufenthalt S. 24

Aufgabe 1:
Friedrich der Weise will Luther in Sicherheit bringen. Er hält es für besser, wenn Luther eine Weile verschwindet, damit sich die Situation beruhigen kann und alle Zeit haben, nachzudenken. Deshalb legt er ihm auch nahe, sich als eine andere Person auszugeben.

Lösungen

Aufgabe 2:
Luther will die Zeit, die er in der Wartburg ausharren muss, sinnvoll nutzen und nimmt ein Projekt in Angriff, das ihm sehr am Herzen liegt: Bisher gab es die Bibel in Deutschland nur auf Latein und es wurde auch auf Latein gepredigt – das gemeine Volk beherrschte diese Sprache aber nicht und konnte das Wort Gottes weder lesen noch in der Kirche hören. Deshalb nahm sich Luther vor, die Bibel ins Deutsche zu übersetzen; mit dem Ziel, das jeder Mensch Zugang zur Heiligen Schrift hat.

Die Idee von der Übersetzung der Bibel S. 25–26

Aufgabe 1:
Luther will durch den deutschen Text allen Gläubigen die Möglichkeit geben, sich selbst in der Bibel zu informieren. Er beginnt mit dem NT, weil dieser Teil wichtiger ist für den Glauben an Christus: Mit ihm werden der Tod besiegt, die Sünden vergeben und die Auferstehung erlebt.

Der Kampf mit dem Teufel S. 27

Aufgabe 3:
Luther hat Visionen: Er ist völlig überarbeitet, schläft wenig und ist fokussiert auf seine Übersetzungsarbeit. Hier hadert er immer wieder mit der Sprache, will er doch so formulieren, dass es wirklich alle Menschen im Reich verstehen. Das Ringen um die rechten Worte und Sätze erlebt er immer wieder auch als Kampf mit den Anfechtungen des Teufels.

Unruhen in Wittenberg S. 28

Aufgabe 1:
In der katholischen Kirche hat sich durchgesetzt:
- die Gottesdienste werden in Deutsch gehalten

In der evangelischen Kirche hat sich durchgesetzt:
- Heirat, Ehe und Familie für Pfarrer
- die Gottesdienste werden in Deutsch gehalten
- ein schlichter schwarzer Talar als Kleidung der Geistlichen im Gottesdienst
- das Abendmahl wird in beiderlei Gestalt gereicht
- die Beichte im Beichtstuhl und die Fastenzeiten sind meist abgeschafft
- Verehrung von Jesus Christus, nicht von Heiligen an separaten Altären

Aufgabe 2:

Evangelische Kirche	Katholische Kirche
Altar (Abendmahlstisch) im Zentrum	Altar; zusätzlich Heiligenaltäre und Heiligenfiguren an den Seiten
—	Marienaltar, Seitenkapellen
aufgeschlagene Bibel auf dem Altar	—
Kreuze	Kruzifixe
Kanzel	Kanzel
Taufbecken	Taufbecken
—	Kniebänke
—	Beichtstuhl
—	Tabernakel und ewiges Licht
—	Ambo
—	Weihwasserbecken am Eingang

Lösungen

Aufgabe 3:
Karlstadt unterstützte Luthers Forderung, die Kirche solle sich wieder darauf konzentrieren, den Armen zu helfen, anstatt das eingenommene Geld für das Luxusleben der Kleriker oder auch die aufwändige Ausschmückung der Kirchen zu verwenden. Seiner Meinung nach waren die Bilder etwas rein Materielles, das den Prunk der Kirche darstellte und keinerlei Nutzen für die Kirche in Luthers Sinne hatte. So rief er zur Zerstörung jeglicher Bilder auf, insbesondere auch der Heiligenbilder, denn er wollte Luthers Forderung unterstützen, sich wieder nur auf Jesus Christus zu besinnen, anstatt eine Vielzahl verschiedenster Heiliger anzubeten.
Luther aber verurteilte die gewalttätigen Plünderungen der Gotteshäuser. Seiner Meinung nach waren Bilder durchaus erlaubt, da auch sie den Menschen die Botschaften Gottes näher bringen, also durchaus einen aufklärenden, didaktischen Zweck erfüllen konnten.

Katharina von Bora, die „Lutherin" S. 29 – 30

Aufgabe 1:
Katharina war in dieser fremden Umgebung zunächst sicher verängstigt. Die umfassende Ausbildung half ihr aber, später einen großen Haushalt, ein Geschäft, einen Hof zu führen.

Aufgabe 2:
Beide wirken ehrbar und wichtig: gut bürgerlich, mit edlen Stoffen gekleidet, anscheinend etwas vermögend. Katharina wirkt etwas jünger und aktiver als Luther.

Aufgabe 3:
Katharina wirkt zuerst jung, dynamisch, vermögend, distinguiert, zufrieden. Auf dem zweiten Bild (der Darstellung auf der Grabplatte) ist sie alt, gereift, erfahren, ehrerbietend, matronenhaft.

Aufgabe 5b:
Besonders bei den Ehefrauen der Pfarrer wird erwartet, dass sie sich sozial in der Gemeinde engagieren, z. B. an Gesprächskreisen teilnehmen, den Kirchenchor verstärken oder bei Gemeindefesten helfen. Bei den Ehemännern von Pfarrerinnen ist diese Erwartungshaltung des sozialen Engagements meist nicht da.

Die Bauernkriege S. 31

Aufgabe 1:
Die Bauern sahen hier eine Möglichkeit, sich aus dem erdrückenden Lehnssystem zu befreien. Allerdings beschrieb Luther in dem Satz das Verhältnis zwischen Gott und den Menschen, denn nach seiner Interpretation sind die Menschen im Glauben an Gott frei, müssen aber die weltliche Ordnung weiter befolgen. Dies haben die Menschen jedoch nicht erkannt und Luthers Satz damit falsch verstanden.

Aufgabe 2:
Luther sieht das Verhalten der Grundherren als unhaltbar, weil sie nur Profit sowie üppigen und hochmütigen Lebenswandel anstreben und dafür die Bauern, für die sie doch verantwortlich sind, ausbeuten.
Das Verhalten der Bauern sieht Luther wiederum als Treuebruch gegenüber den Grundherren, was eine Sünde darstellt. Außerdem plündern sie Klöster und Schlösser und wenden Gewalt an. Drittens wirft er ihnen vor, dass sie ihre Taten mit der Bibel rechtfertigen.

Die letzten Jahre S. 33

Aufgabe 1:
Luthers letzte Jahre sind geprägt von verschiedenen Krankheiten. Da die Reichsacht immer noch besteht, darf er sich nicht frei bewegen. Melanchthon übernimmt für ihn die Funktion des Ansprechpartners für Gespräche und Verhandlungen. Luther zieht sich auf seine Lehrtätigkeit an der Universität, auf das Komponieren und sein Familienleben zurück.

Evangelische Kirche in Deutschland heute S. 34

Aufgabe 1b:

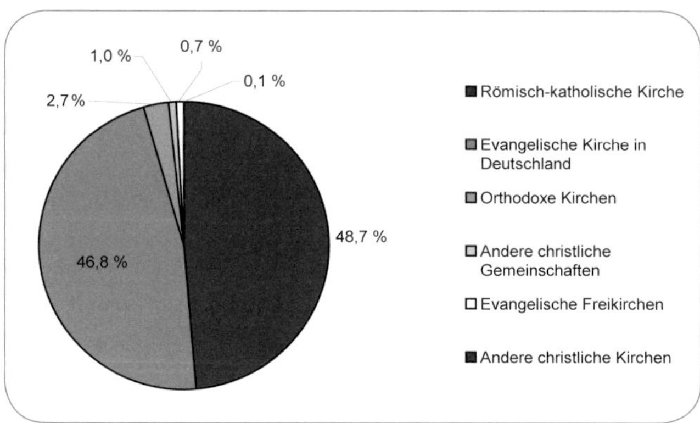

Verteilung der Christen in Deutschland auf die verschiedenen Glaubensrichtungen

Aufgabe 2:
Von Kirche im Alltag am ehesten bekannt: Gottesdienste, Kasualien (Taufe, Hochzeit, Beerdigung, Konfirmation/Erstkommunion usw.). Dass es bei einer so großen, gesellschaftlich relevanten Institution auch um Zahlen, Gelder, Statistiken und Politik geht, wird vielen Schülern neu sein. Sozialethisches Engagement ist ein Herzstück der Kirche.